Pick Up! Theme Voca 중급

박준상, 하지혜

KB096803

I am books

Pick up! theme Voca 중급

© 2011 **I am Books**

지은이	박준상, 하지혜
펴낸이	신성현, 오상욱
기획 · 편집	이성원, 이기은
디자인	오미정, 장정숙
일러스트	조소영
영업관리	장신동, 조신국, 장미선
펴낸곳	도서출판 아이엠북스
	153-802 서울시 금천구 가산동 327-32 대륭테크노타운 12차 1116호
대표전화	02-6343-0997~9
팩스	02-6343-0995~6
출판등록	2010년 7월 15일
	제 315-2010-000035호
ISBN	978-89-6398-051-5 53740

모든 언어의 기본은 어휘입니다. 이 점은 영어에 있어서도 마찬가지입니다. 처음 영어 공부를 시작할 때, 그 기초가 되는 어휘력이 없다면 상대의 말을 들을 수도, 글을 읽을 수도, 문장을 이해할 수도 없습니다. 외국어는 듣기, 쓰기, 말하기, 읽기의 네 가지 영역을 골고루 공부하면서 그 실력을 키워나가야 하지만 그 근간에는 어휘가 있습니다. 어휘력이 갖추어지지 않았다면 그 다음 단계로의 발전은 불가능하기 때문입니다. 나무가 가지를 뻗어 잎이 나고 열매를 맺기 위해 가장 처음 뿌리를 내려야 하는 것처럼 어휘는 외국어 정복에 있어서 뿌리내리기 작업과 같은 것입니다.

하지만, 어떻게 하면 생소한 언어의 어휘를 늘릴 수 있을까요? 어휘 암기의 조금 더 쉽고 간단한 방법은 없을까요? 그동안 수많은 책들이나 강의를 통해 단어 암기의 비법들이 공개되고 있지만 사실 어휘는 암기하는 것 이외에는 별다른 방법이 없습니다. 그렇다고 해서 무조건 어휘를 암기하는 것보다는, 암기의 효율성을 높일 수 있는 방법과 어휘 실력의 향상을 영어 실력의 향상으로 연계 지을 수 있는 방법을 찾아 어휘를 암기하는 것이 좋을 것입니다.

첫째, 어휘는 문장을 통해서 암기하는 것이 좋습니다. 문장 속에서 암기하다 보면 어휘가 주는 뉘앙스를 정확하게 파악할 수 있을 뿐 아니라 어휘가 쓰인 문장을 함께 암기함으로써 영어 말하기와 쓰기 실력까지 향상시킬 수 있기 때문입니다. 이에 착안하여 "Pick up! Theme VOCA"에서는 문장을 익히면서 어휘를 암기할 수 있도록 어휘가 쓰인 가장 좋은 예문을 함께 실었습니다.

둘째, 서로 연관성이 있는 어휘들을 함께 학습하는 것이 중요합니다. 인간의 기억력에는 한계가 있으므로 서로 연관성이 있는 어휘들을 함께 학습하여 학습의 효율을 올리는 것이 어휘 학습에 한 가지 좋은 방법이 될 것입니다.

"Pick up! Theme VOCA"는 중학교 수준의 다양한 단어를 35개의 주제로 분류하여 학습자들이 보다 효율적으로 단어를 학습할 수 있도록 기획되었습니다. 각 주제는 우리 일상생활에서 밀접한 의식주에서부터 정치, 경제에 이르기까지 다양한 영역을 포함하고 있으며, 단어별로 가장 적절한 예문을 제시하였습니다. 또한 한 가지 주제를 마무리할 때 마다 Check Up을 이용하여 암기한 단어를 가볍게 확인해 볼 수 있도록 구성하였습니다.

"Pick up! Theme VOCA"는 중학교에 입학하기 전에 중학 수준의 어휘를 미리 학습하고자 하는 예비 중학생이나, 중학교에서 배웠던 어휘를 마무리 정리하고 고등학교로 진학하고 싶은 학생들, 또는 졸업한 이후로 영어를 놓고 지내 쉬운 어휘마저 잘 기억이 나지 않거나 새로 영어를 시작하기 위해 어휘를 늘리고 싶은 일반인들에게 쉽고 효율적으로 어휘의 핵심만을 정리할 수 있는 교재가 될 것입니다.

아무쪼록, 본 교재가 영어 공부의 근간이 되는 어휘력 향상의 올바른 길잡이가 되기를 바라며, 본 교재와 함께 공부하는 모든 학습자의 영어 실력이 좋은 열매를 맺기를 바랍니다.

■ Structures & Features

주제별로 분류한 어휘

분류된 테마별로 중학교 수준의 핵심적인 어휘만을 선별하였습니다.

---

01 **admire** [ædmáiər, əd-] v. ~에 감탄하다, ~을 칭찬하다

It's important for parents to admire their children's good behavior.
부모가 그들의 자녀의 좋은 행동을 칭찬하는 것은 중요하다.

02 **ancestor** [ǽnsestər, -səs-] n. 선조, 선구자, 조상

These days, young people don't show respect to their ancestors.
요즈음, 젊은이들은 그들의 조상을 섬기지 않는다.

03 **best** [bést] a. 가장 좋은, 최대의

Remember the honesty is the best policy.
정직이 최선의 방책이라는 것을 잊지 말아라.

04 **charm** [tʃɑːrm] v. 매혹하다, 마법에 걸다 n. 매력

If you hear him sing, you'll be charmed by his beautiful voice.
그의 노래를 들어본다면, 그의 아름다운 목소리에 매혹될 것이다.

05 **companion** [kəmpǽnjən] n. 동료, 상대, 친구

With the help of a matchmaker, I met the companion of my life.
중매쟁이의 도움으로, 나는 내 인생의 반려자를 만났다.

발음기호와 의미

함께 실은 발음기호를 통해 단순하게 뜻만 암기하는 것이 아니라 정확한 발음을 함께 익힐 수 있도록 하였으며 단어의 여러 가지 뜻 중에서 가장 많이 쓰이고 꼭 외워야 할 단어의 뜻을 실었습니다.

예문

학습자가 그 어휘의 뜻을 쉽고 빠르게 이해할 수 있도록 어휘의 의미를 가장 잘 살려줄 수 있는 예문을 선별하여 실었습니다.

| Check up

Part별로 학습했던 어휘를 한번에 총정리 할 수 있도록 마련된 Check up코너를 통해 학습자들은 지루하지 않게 공부했던 어휘를 복습할 수 있습니다.

Check up

A 아래 영영풀이에 해당하는 단어를 보기에서 골라 넣으시

charm companion consist credit descendan

1 : the quality of being pleasant or attractive.
2 : the people in later generations who are related
3 : to be formed from the things or people.
4 : someone who you spend time with or whe traveling with.
5 : a system which allows someone to pay for services several weeks or months after the p received them.

B 영어는 한글로, 한글은 영어로 쓰시오.

6 scout
7 co-worker
8 bald
9 strict
10 jealous

11 봉급, 급료
12 추천하다
13 작업, 운영, 경영
14 전문가, 숙련자
15 다루다, 처리하다

Part 1

Person & People

[사람과 사람들]

ly & Friends 가족과 친구들 | Appearance & Character 외모와 성격 | Occupation 직업

Family &
Friends

가족과 친구들

1 admire [ædmáiər, əd-] v. ~에 감탄하다, ~을 칭찬하다

It's important for parents to admire their children's good behavior.

부모가 그들의 자녀의 좋은 행동을 칭찬하는 것은 중요하다.

2 ancestor [ǽnsestər, -səs-] n. 선조, 선구자, 조상

These days, young people don't show respect to their ancestors.

요즈음, 젊은이들은 그들의 조상을 섬기지 않는다.

3 best [bést] a. 가장 좋은, 최대의

Remember the honesty is the best policy.

정직이 최선의 방책이라는 것을 잊지 말아라.

4 charm [tʃá:rm] v. 매혹하다, 마법에 걸다 n. 매력

If you hear him sing, you'll be charmed by his beautiful voice.

그의 노래를 들어본다면, 그의 아름다운 목소리에 매혹될 것이다.

05 companion [kəmpǽnjən] n. 동료, 상대, 친구

With the help of a matchmaker, I met the companion of my life.

중매쟁이의 도움으로, 나는 내 인생의 반려자를 만났다.

06　concern [kənsə́:rn]　v. ~에 관계하다, 관심을 갖다　n. 관계, 관심

We are not concerned with the result, only with the process.

우리가 관심을 가지는 것은 결과가 아니라, 과정이다.

07　consist [kənsíst]　v. ~로 되다, ~로 이루어져 있다

Bibimbap consists of boiled rice, fried eggs and many other cooked vegetables.

비빔밥은 밥, 계란 프라이 그리고 많은 다른 익힌 야채로 이루어져 있다.

08　credit [krédit]　n. 신용, 명성　v. 믿다, 신용하다

You have to prove your credit to ask for a loan.

대출을 요청하기 위해서는 당신의 신용을 증명해야 한다.

09　descendant [diséndənt]　n. 자손, 후예

We should conserve our environment to hand down to our descendants.

우리는 후손들에게 물려주기 위하여 환경을 보존해야 한다.

10　desire [dizaiər]　n. 욕구, 욕망　v. 바라다, 요구하다

He has the strong desire to learn.

그는 지적욕구가 강하다.

11 direct [dirékt, dai-] a. 똑바른, 직접의, 솔직한 v. 지도하다 ad. 직접으로, 곧장

Keep this plant out of the direct **rays of the sun.**

이 화초는 직사광선을 피해주세요.

12 distinct [distíŋkt] a. 별개의, 뚜렷한, 명백한

It's difficult to establish a distinct **role for men and women.**

남자와 여자 사이의 뚜렷한 역할을 확립하는 것은 어렵다.

13 divorce [divɔ́:rs] v. 이혼하다 n. 이혼

The sudden divorce **of my parents shocked me a lot.**

부모님의 갑작스런 이혼은 나를 매우 놀라게 했다.

14 engage [ingéidʒ, en-] v. 약혼시키다, 종사하다, 약속하다

I'm glad to hear that my older sister will be engaged **next year.**

나는 나의 언니가 내년에 약혼할 것이라는 것을 들어서 기쁘다.

15 favor [féivər] n. 호의, 친절

If he does you a favor, **you should do him a** favor.

그가 당신에게 친절하게 했으면, 당신도 그에게 친절하게 해야 합니다.

16 friendly [fréndli] a. 친한, 우호적인

My new classmate are all very friendly and funny.

나의 새 친구들은 모두 친절하고 재미있습니다.

17 generation [dʒènəréiʃən] n. 세대, 자손

We have to save water for our generation.

우리는 우리의 자손을 위하여 물을 아껴 써야 한다.

18 household [háushòuld] a. 가족의, 한 세대의 n. 가족

In the news, I heard that household electronics need periodic check-ups.

뉴스에서, 가전제품을 정기적으로 검사할 필요가 있다고 들었다.

19 inherit [inhérit] v. 상속하다, 물려받다

She inherited a great fortune from her parents.

그녀는 부모로부터 막대한 재산을 물려 받았다.

20 noble [nóubl] a. 귀족의, 고상한

He is not only a man from a noble family, but also a rich person.

그는 귀족가문의 사람일 뿐만 아니라 부자이다.

21　observe [əbzə́:rv]　v. 준수하다, 관찰하다

You have to observe the social regularity and do your duty.

너는 사회적 규칙을 준수해야 하며 의무를 다해야 한다.

22　ordinary [ɔ́:rdənèri]　a. 보통의, 평범한

Although I am a president, I want to live as an ordinary person like you.

비록 나는 대통령일지라도, 당신처럼 평범한 사람으로 살기를 원한다.

23　peer [píər]　n. 동료, 동등한 사람

Teenagers think that peer pressure is more important than any other thing.

십대들은 다른 어떤 것들보다 집단적 압력을 중요시 여긴다.

24　position [pəzíʃən]　n. 위치, 지위, 태도

To get a stable position like teachers or public officials, you have to study hard.

교사나 공무원 같은 안정된 지위를 얻기 위해선, 열심히 공부해야 한다.

25　pregnant [prégnənt]　a. 임신한

My wife is three months pregnant, so I have to wait seven months more.

나의 아내는 임신 3개월이므로 7개월을 더 기다려야 한다.

26 relationship [riléiʃənʃip] n. 친족 관계, 관련 관계

Friendship is the most precious relationship that anyone can have.

우정은 누구나 가질 수 있는 가장 소중한 관계이다.

27 resemble [rizémbl] v. ~와 닮다, ~와 공통점이 있다

My father and I resemble each other in many aspects.

나는 많은 점에서 아빠와 서로 닮았다.

28 respect [rispékt] v. 존중하다, 존경하다

Mother Theresa is respected by people from all over the world.

테레사 수녀는 전 세계의 사람들에 의해 존경 받는다.

29 trust [trʌst] n. 신뢰, 책임 v. 신뢰하다

Trust and responsibility are the most important parts to overcoming this economic risk.

이런 경제위기를 극복하기 위하여, 신뢰와 책임감은 가장 중요하다.

30 confidence [kánfədəns] n. 신임, 자신

The young businessman is full of confidence and ambition.

젊은 사업가는 자신감과 패기로 가득 하다.

Lesson 2
Appearance & Character
| 외모와 성격

01 amazing [əméiziŋ] a. 놀랄 정도의, 굉장한

When you go abroad, you will have amazing experiences and see wonderful events.

외국에 간다면, 놀라운 경험을 하고, 신기한 광경을 보게 될 것이다.

02 anxious [ǽŋkʃəs] a. 걱정스러운, 불안한, 열망하는

He is anxious about the result of the midterm test.

그는 중간고사 결과에 대해 걱정하고 있다.

03 ashamed [əʃéimd] a. 부끄러운, 수줍어하는

You did nothing wrong, you don't need to feel ashamed.

너는 잘못한 것이 없으니, 부끄러워할 필요 없다.

04 attractive [ətrǽktiv] a. 매력적인, 관심을 끄는

Exercise harder and you'll find yourself fitter and feeling more attractive.

운동을 더 열심히 해라, 그러면 언젠가 매력적인 너 자신을 보게 될 것이다.

05 bald [bɔ́:ld] a. 대머리의, 있는 그대로의

I think he has a complex about being bald.

내 생각에 그는 대머리인 것에 컴플렉스가 있는 것 같아.

06 **bold** [bóuld] a. 대담한, 과감한, 뻔뻔스러운

A bold scientist illegally experimented on cloning of human.

한 대담한 과학자가 불법으로 인간복제 실험을 했다.

07 **beard** [bíərd] n. (턱)수염

Old men usually have beards and wears felt hats.

노인들은 보통 턱수염을 기르고 중절모를 쓴다.

08 **courage** [kə́:ridʒ, kʌ́r-] n. 용기, 담력

The soldiers should have the courage to fight against the enemy.

군인은 적과 싸울 용기를 가져야 한다.

09 **easygoing** [íːzigóuiŋ] a. 태평한, 게으른

He's an easygoing guy who gets along with everyone.

그는 성격이 좋아서 누구하고든 잘 어울린다.

10 **extreme** [ikstríːm] a. 극단적인, 과격한

Camels can cope with extreme heat in the dessert.

낙타는 사막에서 극한의 더위에 대처할 수 있다.

11 favorable [féivərəbl] a. 호의적인

Remember, making a favorable impression is very important on your interview.

명심해라, 좋은 인상을 남기는 것은 면접에서 매우 중요하다.

12 feature [fí:tʃər] n. 생김새, 특징, 특색 v. 특색으로 삼다

What is a feature of this movie?

이 영화의 특색은 무엇인가?

13 good-looking [gúdlúkiŋ] a. 잘생긴, 미모의

Teenagers are eager to have good-looking faces and slim bodies like entertainers.

십대들은 연예인같이 잘생긴 얼굴과 날씬한 몸매가 되기를 열망한다.

14 greedy [grí:di] a. 욕심 많은, 탐욕스러운

In his youth, he was greedy for money since he wanted to be a millionaire then.

그는 젊은 시절에 백만장자가 되기를 원했기 때문에 돈에 욕심을 가지곤 했다.

15 gentle [dʒéntl] a. 온화한, 부드러운

Her smile, which is as gentle as a sleeping baby, makes me happy.

잠자는 아기처럼 온화한, 그녀의 미소는 나를 행복하게 한다.

16 habit [hǽbit] n. 습관, 버릇

It is not easy to get rid of a bad habit.

나쁜 습관을 버리는 것은 쉽지 않다.

17 humble [hʌ́mbl, ʌ́m-] a. 비천한, 겸손한

A woman of humble birth happened to meet a prince of noble birth at a beach.

비천한 출신의 한 여자가 해변에서 우연히 신분이 높은 왕자를 만났다.

18 ideal [aidíːəl] a. 이상적인, 더할 나위 없는 n. 이상

I wonder what the ideal type of citizen was in ancient Rome.

나는 고대 로마의 이상적인 시민의 형태가 무엇이었는지 궁금하다.

19 impatient [impéiʃənt] a. 참을 수 없는, 조급한

Little kids, like elementary students, are impatient during class.

초등학생들처럼 어린 아이들은 수업시간에 참을성이 없다.

20 jealous [dʒéləs] a. 질투심이 많은, 시샘하는

All of his colleagues were jealous of his success.

그의 모든 동료들이 그의 성공을 시샘했다.

21 oneself [wʌnsélf, wʌnz-] pron. 자기 자신을, 스스로

Judo can be used to defend oneself.
유도는 호신용으로 쓰일 수 있다.

22 positive [pázətiv] a. 긍정적인, 자신 있는

The Interviewee was required to give a positive answer and live an active life.
응시자는 긍정적인 대답과 적극적인 삶의 태도를 요구 받았다.

23 talkative [tɔ́ːkətiv] a. 이야기하기 좋아하는, 수다스러운

Since the reporter is talkative, we must not tell her anything.
그 기자는 수다스럽기 때문에, 우리는 어떤 것도 말하면 안 된다.

24 selfish [sélfiʃ] a. 이기적인, 이기주의의

It was selfish of them to do that.
그런 일을 하다니 그들은 이기적이었다.

25 sincere [sinsíər] a. 성실한, 진실한

It's difficult to meet a sincere friend.
진정한 친구를 만나는 것은 어렵다.

26 strict [stríkt] a. 엄격한, 정밀한

My teacher is very strict **and uptight.**

우리 선생님은 아주 엄격하고 깐깐하셔.

27 talent [tǽlənt] n. 재주, 재능

He tried to encourage the girl's natural musical talent.

그는 그 소녀의 타고난 음악적 재능을 살리려고 애썼다.

28 uncomfortable [ʌnkʌ́mfərtəbl] a. 불쾌한, 거북한

Because he was making so much noise in the subway, people felt uncomfortable.

그가 지하철에서 너무 떠들었기 때문에 사람들이 불쾌해했다.

29 violent [váiələnt] a. 격렬한, 폭력적인

She thinks that television program is too violent.

그녀는 그 텔레비전 프로그램이 너무 폭력적이라고 생각한다.

30 wit [wít] n. 재치, 지혜

Nature has given him with wit **and intelligence.**

하늘은 그에게 지혜와 지성을 주었다.

Lesson 3

Occupation

| 직업

01 assistance [əsístəns] n. 원조, 조력

We wouldn't have been successful without your assistance.

당신의 도움이 없었다면 우리는 이만큼 성공할 수 없었을 겁니다.

02 background [bǽkgràund] n. 배경, 경력, 경험

A person with a good college background is in a better position to finding a job than one without.

직업을 찾는 데에 있어서 그렇지 않은 사람보다 좋은 대학 출신자는 더 유리하다.

03 bargain [bá:rgən] v. 약속을 하다, 계약하다, 흥정을 하다 n. 싼 물건, 거래

We bargained with the salesperson to get a better price.

더 좋은 가격을 위해서 그 판매원과 계약했다.

04 business [bíznis] n. 직업, 사무, 거래

He has been out of business, so he is looking for another job.

그는 파산해서, 다른 직업을 찾고 있다.

05 capable [kéipəbl] a. 유능한, 능력이 있는, 가능한

Many poems are capable of having diverse interpretations due to the words they use.

그들이 사용하는 단어들 때문에 많은 시들이 다양한 해석을 갖는 것이 가능하다.

06   **career** [kəríər] n. 경력, 직업, 출세

He has accomplished much in his short career.

그는 짧은 경력이지만 많은 것을 이루어 내었다.

07   **CEO** 최고 경영자(Chief Executive Officer)

My ultimate aim is to become the CEO of a trading corporation.

나의 최종 목표는 무역회사의 최고 경영자가 되는 것이다.

08   **control** [kəntróul] v. 지배하다, 감독하다 n. 지배, 억제

The mistake was due to circumstances beyond our control.

그 실수는 우리의 어쩔 수 없는 상황 때문이었다.

09   **co-worker** [kóuwə́:rkər] n. 함께 일하는 사람, 동료

Without the support of co-worker you will not be successful.

동료들의 도움이 없다면 당신은 성공할 수 없을 것이다.

10   **duty** [djú:ti] n. 의무, 임무, 직책, 세금, 관세

He performed his duty without difficulty.

그는 무난히 임무를 수행했다.

11   earn [ə́ːrn] v. 벌다, 획득하다, 얻다

To earn my living, I have done only what I can do, not what I want to do.

생계비를 벌기 위하여, 하고 싶은 것이 아닌, 할 수 있는 일은 다 했다.

12   effort [éfərt] n. 노력, 수고

The masterpiece was painted by a genius painter with little effort.

그 걸작은 천재 화가에 의해서 손쉽게 그려졌다.

13   executive [igzékjutiv] n. 간부, 관리직, 임원 a. 행정적인, 관리의

You can meet our executive staff by taking the elevator to the 13th floor.

엘리베이터로 13층에 가면 우리 임직원을 만날 수 있다.

14   expert [ékspəːrt] n. 숙련가, 전문가

When you are in trouble, you can call a skillful expert like me anytime.

문제에 빠졌을 때, 언제든지 나 같은 전문가를 찾을 수 있다.

15   handle [hǽndl] v. 다루다, 취급하다, 대우하다 n. 손잡이, 핸들

I'm sure you'll handle it the best possible way.

당신이 최선의 방법으로 그것을 처리할 것이라고 믿어요.

16 interview [íntərvjùː] v. ~와 회견하다, 면접하다 n. 회견, 면접

You will be disqualified if you don't prepare for your interviews enough.

면접을 충분히 준비하지 않는다면 실격될 것이다.

17 manage [mǽnidʒ] v. 다루다, 처리하다

Teachers are untrained to manage juvenile delinquents.

선생님들은 비행 청소년 다루는 것에 서툴다.

18 operation [ɑ̀pəréiʃən] n. 작업, 운영, 경영, (의학) 수술

The operation on his open heart surgery is being done by many experts.

그의 심장 수술이 많은 전문가들에 의해 이루어지고 있다.

19 promotion [prəmóuʃən] n. 승진, 진급

His promotion depends on the decision of his boss and other chief executives.

그의 승진은 그의 사장과 다른 주요 간부들의 결정에 달려있다.

20 quit [kwít] v. 그만두다, 물러나다

Since he quit his job, he has been planning on how to provide for his retirement.

일을 그만둔 이후, 노후 대비를 계획해왔다.

21 **skill** [skíl] n. 숙련, 솜씨, 기능, 기술

You're fired because you don't have the enough skill to manage our project.

당신은 우리 프로젝트를 다루는 기술이 부족했기 때문에 해고당했다.

22 **recommend** [rèkəménd] v. 추천하다

We recommend that you submit the report on time as soon as possible.

가능한 한 제시간에 보고서를 제출하는 것을 권한다.

23 **resume** [rézumèi] n. 이력서, 요약

I'll let you know the result after examining these resumes thoroughly.

이 이력서들을 완전히 검토한 후에 결과를 알려줄 것이다.

24 **retire** [ritáiər] v. 물러가다, 은퇴하다

After retiring on a pension, he has been having a wonderful time with his family.

그는 연금을 받고 퇴직하고, 가족들과 즐거운 시간을 보낸다.

25 **salary** [sǽləri] n. 봉급, 급료

She used to draw an annual salary of fifty million won in her youth.

그녀가 젊었을 때는 연봉 5,000만원을 받곤 했다.

26 secretary [sékrətèri] n. 비서

As the president's secretary, she even knows more things about him than his wife knows.

대통령의 비서로서, 그녀는 그의 아내보다 그에 관해 더 많은 것들을 알고 있다.

27 scout [skáut] v. 정찰하다, 스카우트하다 n. 정찰병, 스카우트

The violinist got a lot of calls from many bands which want to scout him.

바이올린 연주자는 그를 스카우트 하려는 많은 밴드들로부터 전화를 받았다.

28 stuff [stʌ́f] n. 재료, 소질

He doesn't have the stuff for becoming a doctor.

그는 의사로서의 자질이 없다.

29 throughout [θrú:áut] ad. 처음부터 끝까지, 도처에

The first mission of the police was to patrol throughout the city.

경찰의 첫 번째 임무는 도시 전체를 순찰하는 것이었다.

30 vice [váis] a. 대리의, 부의, 차석의 n. 악덕, 결함

Even the Vice-President has to be monitored by the Department of Security.

심지어 부 대통령도 안보국에 의해 감시 받아야 한다.

A 아래 영영풀이에 해당하는 단어를 보기에서 골라 넣으시오.

> charm | companion | consist | credit | descendant

1 　　　　 : the quality of being pleasant or attractive.

2 　　　　 : the people in later generations who are related to one.

3 　　　　 : to be formed from the things or people.

4 　　　　 : someone who you spend time with or who you are traveling with.

5 　　　　 : a system which allows someone to pay for goods or services several weeks or months after the person has received them.

B 영어는 한글로, 한글은 영어로 쓰시오.

6 scout

7 co-worker

8 bald

9 strict

10 jealous

11 봉급, 급료

12 추천하다

13 작업, 운영, 경영

14 전문가, 숙련자

15 다루다, 처리하다

C 다음 각 단어의 뜻에 포함되지 않는 것을 고르시오.

16 admire　　① respect　　② adore　　③ appreciate　　④ despise

17 direct   ① first-hand   ② indirect   ③ shortest   ④ immediate

18 confidence   ① shyness   ② trust   ③ belief   ④ faith

19 friendly   ① amiable   ② familiar   ③ intimate ④ unfriendly

20 noble   ① worthy   ② dignified   ③ lowly   ④ lordly

D 빈 칸에 알맞은 말을 보기에서 고르시오. 필요하다면 형태를 바꾸시오.

> comfortable | capable | control | violent

21 The criminal showed aggressive _____ act.

22 She is _____ enough to fulfill the task.

23 I feel _____ with my stomach stuffed with greasy food.

24 The super computer _____ all kinds of robots.

25 Children must be _____ with cautious attitude.

E 각 단어의 뜻을 쓰시오.

26 effort :   make an effort :

27 humble :   humble oneself :

28 gentle :   gentle and simple :

29 feature :   make a feature of :

30 duty :   off duty :

Part 2

Clothing, Food & Shelter

[의식주]

Clothing 의류 | **Food** 음식 | **Shelter** 주거

Lesson 1
Clothing
| 의류

01 accessory [æksésəri, ək-] n. 액세서리, 부속물 a. 보조적인

She is good at matching accessories with clothes appropriately.

그녀는 의상과 액세서리를 적절하게 조화시키는 것을 잘 한다.

02 appropriate [əpróuprièit] a. 적합한, 특유의

This book seemed to be appropriate for her English level.

이 책이 그녀의 영어 수준에 맞는 것처럼 보인다.

03 casual [kǽ3uəl] a. 격식을 차리지 않는, 가벼운

You must not wear casuals during the international meeting.

국제회의 동안에는 평상복을 입으면 안 된다.

04 display [displéi] n. 진열, 전시

The display of the shoes shop is attracting young students.

신발 가게의 전시가 어린 학생들을 유혹하고 있다.

05 fashionable [fǽʃənəbl] a. 유행의, 유행을 따른

Many entertainers are leading the way to what are considered fashionable clothes these days.

요즈음에는 많은 연예인들이 유행하는 옷을 주도하고 있다.

06 female [fíːmeil] a. 여성의, 여자다운

She was the first female astronaut in history.

그녀는 역사상 최초의 여성 우주비행사였다.

07 formal [fɔ́ːrməl] a. 공식의, 형식적인

Those invited to the party are required to wear a formal suit.

이번 파티에 참석하는 사람들은 정장을 입어야 한다.

08 gym suit [dʒím sùːt] n. 체육복

Thanks to the World Cup, the sale of gym suits is increasing recently.

최근에 월드컵 덕분에 체육복의 판매가 증가하고 있다.

09 item [áitəm] n. 항목, 품목, 물건

We, a major multi-shop in Korea, have a variety of sport items.

한국의 대형 멀티 샵인 우리 가게는 다양한 스포츠 품목을 구비하고 있다.

10 jewelry [dʒúːəlri] n. 보석류, 장신구류

A wealthy woman is usually interested in not only jewelry but also bags.

부유한 여성은 대개 보석뿐만 아니라 가방에도 관심이 있다.

11 lately [léitli] ad. 요즘, 최근

Lately, people can get information about the current trends from fashion magazines' online websites.

최근에, 사람들은 잡지의 온라인 웹사이트에서 최신 유행 정보를 얻을 수 있다.

12 luxury [lʌ́kʃəri, lʌgʒə-] a. 사치스러운, 고급의 n. 사치, 사치품

Her appetite for luxury goods is bottomless.

명품을 향한 그녀의 욕구는 끝이 없다.

13 limited [límitid] a. 한정된, 유한의

Hurry up, or you'll not be able to buy the limited edition watch.

서둘러라, 그렇지 않으면 한정판 시계를 살 수 없을 것이다.

14 made [méid] a. 만들어진, 인공의

This dress is made by a famous professional designer, so it's very expensive.

이 드레스는 유명한 전문 디자이너 제품이므로 아주 비싸다.

15 neat [níːt] a. 단정한, 깔끔한

The panel of judges likes a neat and a formal suit.

심사위원은 깔끔하고 격식 차린 옷차림을 좋아한다.

16 old-fashioned [ouldfǽʃənd] a. 구식의, 시대에 뒤진

Everyone always laughs at her old-fashioned style, so she needs change her style.

사람들이 그녀의 구식 스타일을 비웃는다. 그래서 그녀는 스타일 변화가 필요하다.

17 running shoes [rʌ́niŋ ʃuːz] n. 운동화

Prepare the running shoes and towels for the race this Saturday.

이번 주 토요일에 있는 경기를 위하여 운동화와 수건을 준비해라.

18 sew shop [sóu ʃɑp] n. 수선가게

If you go to the sew shop, please get my shirt I had repaired back for me.

수선가게에 들리면 나 대신에 수선된 나의 셔츠를 찾아와라.

19 show [ʃóu] v. 보이다, 진열하다

I am looking forward to seeing you show your skills at the display.

저는 당신의 훌륭한 전시 능력을 기대하고 있습니다.

20 sleeve [sliːv] n. 소매, 소맷자락

Her coat sleeve caught on a nail.

그녀의 코트 소매가 못에 걸렸다.

21 stain [stéin] n. 얼룩, 착색

It's very difficult to remove a stain on white shirts.

하얀색 셔츠에 묻은 얼룩은 지우기가 매우 힘들다.

22 stylist [stáilist] n. 디자이너, 어떤 양식의 창시자

I want to be a world famous stylist like you.

나는 당신처럼 세계적인 스타일리스트가 되고 싶다.

23 suit [súːt] n. (복장의) 한 벌 v. 적응시키다, 어울리다

This tie is fairly wide and the color matches my suit perfectly.

이 타이는 꽤 폭이 넓은데다 색깔이 내 양복하고 아주 잘 어울린다.

24 symbol [símbəl] n. 상징, 기호

Yellow is the leading symbol of the spring and summer season to come.

노란색은 앞으로 다가올 봄, 여름 시즌을 이끌어갈 상징이다.

25 trend [trénd] n. 경향, 유행의 방식

She always creates her own style instead of following the popular trend.

그녀는 항상 유행을 따르는 대신 그녀만의 스타일을 만든다.

26 underwear [ʌ́ndərwɛ̀ər] n. 내의, 속옷

Keeping underwear **clean is good for hygiene.**

속옷을 청결하게 하는 것은 위생에 좋다.

27 violet [váiəlit] a. 보라색의 n. 보라색, 제비꽃

I like you in the violet **hat and the white one piece.**

보라색 모자와 하얀색 원피스가 잘 어울린다.

28 washing [wɔ́ːʃiŋ, wɑ́ʃ-] n. 빨기, 세탁

Washing **jeans often makes its unique color fade gradually.**

빈번한 청바지 세탁은 옷의 독특한 색깔을 점차 흐리게 한다.

29 wear [wɛ́ər] v. 입다, 쓰다

If you wear **informal clothes, you are not admitted to this ceremony.**

평상복을 입었다면, 이 행사에 입장할 수 없습니다.

30 window-shopping n. (사지 않고) 진열창 안의 물건을 돌아보고 다니기, 윈도우쇼핑

She said she enjoyed just window-shopping, **but she bought a new skirt.**

그녀는 단지 윈도우쇼핑을 할 뿐이라고 했는데, 새 치마를 사버리고 말았다.

Lesson 2
Food
| 음식

01 beverage [bévəridʒ] n. 마실 것, 음료

This place lets you order alcoholic beverages without checking your age.

여기는 나이 확인 없이 알코올 음료를 주문할 수 있다.

02 bitter [bítər] a. 쓴, 견디기 어려운

If you can't stand the bitter taste, then drink water to wash the taste away.

쓴 맛을 견디기 힘들다면, 맛을 없애기 위해 물을 마셔.

03 buffet [bəféi, bú-] n. 뷔페

The buffet is good for us since we have heavy and large builds.

우리가 체격이 크니까 뷔페가 좋을 것 같다.

04 cafeteria [kæ̀fitíəriə] n. 카페테리아 (셀프서비스 식당)

The cafeteria in our school is clean and the food is very delicious.

우리 학교에 있는 카페테리아는 깨끗하고 음식도 맛이 아주 좋다.

05 calorie [kǽləri] n. 칼로리

I am always concerned about calorie in everything I eat.

나는 내가 먹는 모든 음식의 칼로리를 신경 쓴다.

06   chief [tʃíːf] a. 최고의, 주요한

The chief chef of this restaurant knows every recipe which exists in the world.

이 식당의 수석 주방장은 이 세상에 존재하는 모든 조리법을 알고 있다.

07   cock [kák] n. 수탉

The cook knows the difference between a cock and a hen.

그 요리사는 수탉과 암탉을 구분할 수 있다.

08   corn [kɔ́ːrn] n. 옥수수

We eat corn in a variety of forms like corn soup, popcorn, and corn ice cream.

콘 수프, 팝콘, 콘 아이스크림 같은 다양한 방법으로 옥수수를 먹을 수 있다.

09   daily [déili] a. 매일의, 일상의

Having three balanced daily meals regularly is more important than any exercise.

매일 규칙적으로 세 번 식사를 하는 것은 다른 어떤 운동보다 더 중요하다.

10   deliver [dilívər] v. 인도하다, 배달하다

There are many couples who want breakfast delivered to them every morning.

아침을 배달 받기를 원하는 커플들이 많이 있다.

11   famine [fǽmin]   n. 기근, 굶주림

The government has stored rice away to prepare for the famine that's coming.

정부는 앞으로 다가올 기근을 대비해 쌀을 저장해오고 있다.

12   fork [fɔ́ːrk]   n. 포크

Little children are practicing how to use forks and knives.

어린 아이들은 포크와 나이프 사용법을 연습하고 있다.

13   grain [gréin]   n. 낟알, 곡물

The price of world grain production will increase next year.

내년 세계 곡물 생산 가격은 상승 할 것이다.

14   grocery [gróusəri]   n. 식료품점

My wife always drops in this grocery on her way home from the work.

나의 아내는 일 끝나고 집에 오는 중에 항상 이 식료품 가게에 들른다.

15   ingredient [ingríːdiənt]   n. 성분, 재료, 원료

You should check if an ingredient toxic to the body is in the food.

신체에 유해한 성분이 음식에 들어있는지 아닌지 확인해야 한다.

16 measure [méʒər] v. 재다, 측정하다

You can measure sugar and salt by weighing them on the balance scale.

설탕과 소금의 양을 저울로 잴 수 있다.

17 nutrition [nju:tríʃən] n. 영양, 영양 공급

A balanced diet and proper nutrition are important for good health.

균형 잡힌 식사와 적당한 영양은 건강에 매우 중요하다.

18 peel [píːl] v. (껍질을) 벗기다 n. (과일 등의) 껍질

I slipped on a banana peel and my legs were wounded.

바나나 껍질에 미끄러졌고, 다리는 상처 입었다.

19 pork [pɔ́ːrk] n. 돼지고기

Most foreigners don't like pork stew with Kimchi.

대부분의 외국인들이 김치찌개를 좋아하지 않는다.

20 protein [próutiːn, -tiin] n. 단백질

Athletes should eat high quality protein and low fat food.

운동선수들은 고단백과 저지방 음식을 섭취해야 한다.

21 recipe [résəpì] n. 조리법

She knows a unique recipe for a rice cake.

그녀는 떡 케이크를 만드는 특별한 방법을 알고 있다.

22 shell [ʃél] n. (달걀, 조개 따위의) 껍질 v. 껍질을 벗기다

An oyster has to be shelled to be eaten, which is very annoying.

굴은 껍질을 까서 먹어야 해서 아주 귀찮다.

23 sour [sáuər] a. 신, 시큼한 냄새가 나는

These lemons taste very sour.

이 레몬은 아주 새콤하다.

24 starve [stá:rv] v. 굶주리다, 배고프다

We must not forget that many people are starving on the street.

거리에 굶주리고 있는 사람들이 많다는 것을 잊으면 안 된다.

25 stuff [stʌf] n. 재료, 원료, 물자

What's the black stuff on the plate?

접시 위의 저 검은 물질은 무엇이니?

26   supper [sʌ́pər] n. 만찬, 저녁 식사

On arriving home, we then had supper with our neighbors.

집에 도착하자마자 이웃들과 함께 저녁을 먹었다.

27   take [téik] v. (체내에) 섭취하다, 마시다, 흡수하다

You must give attention to overdose when take this pill.

이 약을 복용할 때에는 과다복용에 주의해야 한다.

28   unusual [ʌnjúːʒuəl] a. 이상한, 유별난

Why don't you try unusual foods which you've never experienced before?

전에 경험하지 못했던 신기한 음식에 한 번 도전해봐.

29   vessel [vésəl] n. 용기, 그릇, 배

These are vessels for liquid materials.

이것들은 액체 재료를 담는 용기이다.

30   wheat [hwíːt] n. 밀

This food consists of ground wheat, flour and water.

이 음식은 잘게 빻은 밀과 밀가루, 그리고 물로 구성되어 있다.

Lesson 3
Shelter
| 주거

01 **architecture** [ɑ́ːrkətèktʃər] n. 건축술, 건축 양식

It is Mr. Kim that designed the classic architecture of the gallery.

갤러리의 고대 건축을 디자인한 사람은 바로 Mr. Kim이다.

02 **bathroom** [bǽθrù(ː)m, bɑ́ː-] n. 욕실, 화장실

Avoid drinking anything and remember to go to the bathroom before going to bed.

자기 전에 아무것도 마시지 말고, 화장실 갔다 와야 할 것을 기억해라.

03 **blacksmith** [blǽksmìθ] n. 대장장이

Jobs such as blacksmith, miner and typist are disappearing gradually.

대장장이, 광부 그리고 타이피스트 같은 직업은 점차 사라져가고 있다.

04 **bulb** [bʌ́lb] n. 전구

I wish someone would invent an everlasting light bulb.

누군가가 영구적인 전구를 발명했으면 좋겠다.

05 **complex** [kəmpléks, kámpleks] n. 복합 건물, 복합체 a. 복잡한

The new sports complex is far from my house.

신설 스포츠 단지는 나의 집에서 멀다.

06 chimney [tʃímni] n. 굴뚝

The chimneys of those factories rise high into the sky.

저 공장의 굴뚝들이 하늘 높이 치솟아 있다.

07 construct [kənstrʌ́kt] v. 조립하다, 세우다

This school building is constructed to withstand an earthquake.

이 학교는 지진에 버틸 수 있도록 건축되었다.

08 convenient [kənvíːnjənt] a. 편리한

Cars are convenient but also dangerous.

차는 편리하기도 하지만 위험하기도 하다.

09 decorate [dékərèit] v. 꾸미다, 장식(도배)하다

Most girls like decorating their rooms with beautiful things.

대부분의 소녀들은 예쁜 것들로 방을 꾸미는 것을 좋아한다.

10 dig [díg] v. 파다, 파헤치다

To make a new subway station, workers dug a tunnel through a huge mountain.

새로운 지하철역을 만들기 위하여, 일꾼들이 큰 산을 통과하는 터널을 팠다.

11 **enter** [éntər] v. ~에 들어가다, 시작하다

Strangers are forbidden to enter the house without permission.

낯선 이가 허락 없이 집을 출입하는 것은 금지되어 있다.

12 **equipment** [ikwípmənt] n. 장비, 비품

We already have many kinds of equipments for you.

우리는 이미 당신을 위한 많은 종류의 장비를 가지고 있다.

13 **exit** [égzit, éksit] n. 출구 v. 나가다, 퇴장하다, 탈출하다

Please exit the museum through the fire exits when there is a fire.

화재 시에는 화재비상구를 이용하여 박물관을 탈출하시오.

14 **keep** [kíːp] v. ~한 상태로 간직(유지)하다

I know the reasons the old woman has kept a diary for years.

저 할머니가 수 년 동안 일기를 계속 써온 이유를 나는 알고 있다.

15 **lasting** [lǽstiŋ, láːst-] a. 영속한, 오래가는

We can't expect the warm weather lasting.

따뜻한 날씨가 계속될 것이라고 기대할 수는 없다.

16 leak [líːk] v. 새다, 새어 나오다 n. 누출, 누설, (새는) 구멍

It is very important to check whether the gas pipes leaks or not.

가스 파이프가 새는지 검사하는 것은 매우 중요하다.

17 path [pǽθ, páːθ] n. 길, 경로, 통로

The path is too steep to go up on a bike.

그 길은 경사가 너무 심해서 자전거로 올라가기에 힘들다.

18 protect [prətékt] v. 보호하다

Protecting the royal family was also one of the various duties of servants.

왕실 가족을 보호하는 것 또한 신하의 다양한 일 중의 하나였다.

19 reflect [riflékt] v. 반사하다, 반영하다

The size of a house reflects the social status and wealth of the resident.

집의 크기는 거주자의 사회적 지위와 부를 반영한다.

20 repair [ripέər] v. 수리하다 n. 수리, 수선

The road is under repair.

도로가 보수공사 중이다.

21 research [risə́:rtʃ, ríːsəːrtʃ] n. 연구, 조사 v. 연구하다

I have been researched into the most bathrooms of the houses in this region.

나는 이 지역의 거의 모든 집의 화장실을 조사해 왔다.

22 resident [rézədənt] n. 거주자 a. 거주하는

Any Korean resident under 15 may apply to the kids club.

15세 이하의 한국 거주자라면 누구나 어린이 클럽에 신청할 수 있다.

23 rural [rúərəl] a. 시골의, 지방의

The population of young people in rural areas is decreasing.

시골의 젊은이들의 수가 줄어들고 있다.

24 settler [sétlər] n. 정착자, 이주민

Settlers are constructing many buildings.

정착민들이 많은 건물을 짓고 있다.

25 skyline [skáilàin] n. 지평선, 스카이라인

The skyline of downtown is more beautiful at night.

번화가의 스카이라인은 밤에 특히 더 아름답다.

26 **stove** [stóuv] n. 스토브, 난로

Extreme cold attracts people on the street to the stove heaters.

극심한 추위가 거리의 사람들을 난로로 이끌었다.

27 **urban** [ə́:rbən] a. 도시의

Today's topic is the huge urban poverty problem.

오늘의 주제는 대도시 빈곤 문제이다.

28 **view** [vju:] n. 전망, 조망, 시야, 견해 v. 바라보다, 조사하다

In trying to view her idol up-close and in person, she has been queuing on line for five hours.

그녀의 우상을 직접 가까이서 보기 위해 5시간 동안 줄 서서 기다려오고 있다.

29 **warmth** [wɔ́:rmθ] n. 따뜻함, 온정

The warmth of the heater spread over the waiting room.

난로의 온기가 대기실로 퍼졌다.

30 **zone** [zóun] n. 지대, 지역

You must not park in a no-parking zone.

주차 금지구역 에 주차하면 안 된다.

A 아래 영영풀이에 해당하는 단어를 보기에서 골라 넣으시오.

protect | deliver | decorate | female | resident

1 _____ : a woman or a girl.

2 _____ : to take something somewhere

3 _____ : a house or area where people live.

4 _____ : prevent something from being harmed or damaged.

5 _____ : to make something more attractive by adding things to it.

B 영어는 한글로, 한글은 영어로 쓰시오.

6 item

7 lately

8 neat

9 bitter

10 vessel

11 성분, 재료

12 단백질

13 건축

14 장비

15 난로

C 다음 각 단어의 뜻에 포함되지 않는 것을 고르시오.

16 warmth ① heat ② coolness ③ comfort ④ hotness

17 limited ① restricted ② controlled ③ confined ④ unlimited

18 unusual ① rare ② common ③ odd ④ strange

19 bore ① componet ② structure ③ system ④ schene

20 urban ① rural ② civic ③ town ④ metropolitan

D 빈 칸에 알맞은 말을 빈 칸에서 고르시오. 필요하다면 형태를 바꾸시오.

| last | shell | path | sleeve | repair |

21 My computer needs _____.

22 The students fell among other hikers on a mountain _____.

23 The class _____ just one hour.

24 _____ and dolphins are marine animals.

25 She caught her _____ on a nail.

E 각 단어의 뜻을 쓰시오.

26 worthy: be worthy of note:

27 show: show off:

28 suit: suit all tastes:

29 starve: starve out:

30 keep: keep up with:

Part 3

Life

[삶]

alth 건강 | **Leisure Activities** 여가 활동 | **Hobbies** 취미 | **Life & Death** 삶과 죽음

Lesson 1
Health

| 건강

01 anger [ǽŋgər] n. 화, 노여움

Desire, ambition, anger and jealousy are in the nature of man.

인간의 본성에는 욕구, 야망, 그리고 분노와 질투가 있다.

02 blind [blaind] a. 눈 먼, 장님의, 맹목적인

Helen Keller spent her life helping the blind.

Hellen Keller는 평생 동안 맹인들을 돌보면서 지냈다.

03 deaf [déf] a. 귀머거리의, 귀먹은

He is deaf in both ears because of the car accident last year.

그는 지난 해의 자동차 사고로 양쪽 귀가 안 들린다.

04 cancer [kǽnsər] n. 암

My mother suffered from fatness and eventually died of cancer last year.

어머니께서는 비만으로 고생하시다가 작년에 암으로 돌아가셨다.

05 care [kέər] v. 걱정하다, 돌보다 n. 걱정, 주의, 돌봄

The machine requires special care in handling.

그 기계는 다루는데 특별한 주의가 필요하다.

06   cavity [kǽvəti]   n. 구멍, 충치

Because of a cavity in your left molar, you are required to floss before sleeping.

왼쪽 어금니에 충치가 있으므로, 자기 전에 치실을 사용해야 합니다.

07   cure [kjúər]   v. 치료하다, 고치다   n. 치료

The only cure for chicken pox is fully rest.

충분한 휴식을 취하는 것이 수두의 유일한 해결책이다.

08   disease [dizíːz]   n. 병, 질병

The major cause of heart disease is trans-fats increasing cholesterol.

심장병의 주요 원인은 콜레스테롤을 증가시키는 트랜스 지방이다.

09   diet [dáiət]   n. 식이요법, 규정식, 식사, 다이어트   v. 다이어트를 하다

You have to eat a balanced diet of three meals a day regularly.

하루에 3번 규칙적으로 균형잡힌 식사를 해야 한다.

10   drug [drʌ́g]   n. 약, 약품

Without exception, you should take the prepared drugs as prescribed.

예외 없이, 처방전대로 약을 조제 받아야 한다.

11 ease [íːz] n. 안락, 편안, 쉬움 v. 진정시키다, 가벼워지다

He overcame the pain with ease thanks to the painkiller.

진통제 덕분에 쉽게 아픔을 극복할 수 있었다.

12 excitement [iksáitmənt] n. 흥분, 자극

A life without excitements is the same thing as being dead.

자극 없는 삶은 죽은 것과 같다.

13 faint [féint] v. 실신하다, 졸도하다, 기절하다 a. 희미한, 어렴풋한

He fainted and returned to himself a few hours after.

그는 기절했고 몇 시간 후에 제 정신이 들었다.

14 fever [fíːvər] n. 열, 열병

Though I took a medicine, I still have a slight fever.

약을 복용하였지만, 아직 미열이 있다.

15 germ [dʒə́ːrm] n. 병원균, 세균

Human's body has an immune system to fight with germs.

사람의 몸은 세균을 퇴치할 면역 체계를 가지고 있다.

16　**injure** [índʒər]　v. 상처를 입히다, 다치게 하다

Your mistake injured his honor and you lost your best friend after all.

너의 실수가 그의 명예를 손상시켰고, 결국 너는 단짝 친구를 잃게 되었다.

17　**lack** [lǽk]　n. 부족, 결핍

Lack of knowledge about your competitor made you lose.

경쟁자에 대한 정보 부족은 너를 패하게 만들었다.

18　**nervous** [nə́:rvəs]　a. 신경의, 신경질적인, 불안한

In front of the audience, she was so nervous that she found herself shaking.

많은 사람들 앞에서, 그녀는 너무 긴장해서 몸이 떨리는 것을 느꼈다.

19　**pain** [péin]　n. 고통, 아픔

He felt severe pain when he broke his arm.

그는 그의 팔이 부러졌을 때 극심한 고통을 느꼈다.

20　**practical** [prǽktikəl]　a. 실제의, 실용적인

I like wearing practical clothes at work all the time.

나는 일할 때에는 언제나 실용적인 옷을 입는 것을 좋아한다.

21 **pulse** [pʌ́ls] n. 맥박, 파동

First, you must have your pulse taken, and then see a doctor.

먼저, 맥박을 재고 나서 의사를 만나세요.

22 **ruin** [rúːin] v. 파괴하다, 파멸시키다 n. 폐허, 파멸, 유적

Many famous temples and sculptures were ruined.

많은 유명한 절과 조각품들이 파괴되었다.

23 **skin** [skín] n. 피부, 가죽

To protect your skin from the sun, we have provided sun-blocks and hats.

피부를 태양으로부터 보호하기 위하여 우리는 선 블록과 모자를 구비하고 있다.

24 **suffer** [sʌ́fər] v. 괴로워하다, 고민하다

There are too many children who suffer from hunger in the world.

전 세계에는 배고픔으로 고통 받는 아이들이 너무 많다.

25 **symptom** [símptəm] n. 징후, 조짐, 증상

If the symptoms continue, you should immediately see a doctor.

이런 증상이 계속된다면, 즉시 의사와 상담하시오.

26 superior [səpíəriər, su-] a. ~보다 위의, 우수한

Though the opponents are superior **in number, we should do our best.**

상대가 수적으로 우세할지라도, 우리는 최선을 다해야 한다.

27 dose [dóus] n. (약의) 1회분, 복용량

You have to take only a dose **a day.**

하루에 오직 1회분만 먹어야 한다.

28 treatment [trí:tmənt] n. 치료, 취급, 대우

New medical treatments **gave patients who suffer from an incurable disease hope.**

새로운 치료법이 불치병을 앓고 있는 사람들에게 희망을 주었다.

29 vital [váitl] a. 생명의, 생명 유지에 필요한, 극히 중대한

Vital **organs of the body are controlled by the brain.**

우리 신체의 주요 기관들은 뇌에 의해 통제된다.

30 wound [wú:nd] n. 상처, 부상

The wound **was so big, so the bleeding didn't stopped.**

상처가 너무 커서 출혈이 멈추지 않았다.

Lesson 2

Leisure
Activities

| 여가 활동

01 **abroad** [əbrɔ́ːd] ad. 외국으로, 해외로, 널리

Let's talk about affairs at home and abroad.

국내외의 문제에 대하여 이야기해보자.

02 **activity** [æktívəti] n. 활동, 활약, 행동

The quality of your sleep may have an effect on hormonal activity.

잠의 질이 호르몬 활동에 영향을 줄지도 모른다.

03 **beyond** [biánd, bijánd] prep. ~의 저쪽에, ~을 넘어서

The nearest village is beyond the hills over there.

가장 가까운 마을은 저기 언덕 너머에 있다.

04 **board** [bɔ́ːrd] n. 탑승 v. 탑승하다

They are about to board the plane to San Francisco.

그들은 샌프란시스코행 비행기에 오르려고 한다.

05 **cancel** [kǽnsəl] v. ~을 취소하다, 무효로 하다, 삭제하다

She canceled her date with the rude looking man.

그녀는 무례해 보이는 남자와의 데이트를 취소했다.

06 **confirm** [kənfə́ːrm] v. 확실히 하다, 확인하다

My teacher's help confirmed my decision to go camping.

선생님의 도움으로 나는 캠핑갈 결심을 굳혔다.

07 **delay** [diléi] v. 미루다, 연기하다, 늦추다

We want to delay this project a little, if that's possible.

가능하다면, 이 프로젝트를 조금 미루고 싶다.

08 **destination** [dèstənéiʃən] n. 목적지, 행선지, 도착지

When you fly, your baggage is usually carried to your destination.

비행할 때, 여러분의 짐은 보통 당신의 목적지로 운반된다.

09 **drama** [drɑ́ːmə, drǽmə] n. 극, 연극, 극적 사건

I prefer the TV drama to any other thing I have seen before.

나는 여태 봐왔던 다른 어떤 것들보다 TV 드라마 보는 것을 더 좋아한다.

10 **extra** [ékstrə] a. 여분의, 임시의, 특별한, 추가의

He was paid extra for overtime by his company.

그는 회사로부터 초과 업무에 대한 수당을 받았다.

11　fare [fέər]　n. 운임, 통행료

The subway fare is 900 won per section in Korea.

한국에서 지하철 요금은 구간 당 900원 이다.

12　intend [inténd]　v. ~할 작정이다, 의도하다

My parents intend me to be a doctor.

나의 부모님께서는 나를 의사로 만들 작정이시다.

13　journey [dʒə́:rni]　n. 여행

When you make a journey, you can discover more things about yourself.

여행을 할 때, 자신에 관해 더 많은 것을 발견할 수 있다.

14　landscape [lǽndskèip]　n. 풍경, 경치

Surrounded by a fairy-tale landscape released the stress of city life.

믿을 수 없을 정도로 아름다운 경치가 도시 생활의 스트레스를 날려주었다.

15　make [méik]　v. 만들다, 마련하다, 해내다

Being kept waiting for a postponed plane would make a person tired.

연착된 비행기를 계속 기다리는 것은 사람을 지치게 만든다.

16 pacific [pəsífik] a. 평화로운, 평온한, 태평한

The indians were originally pacific people.

인디언들은 원래 평화로운 사람들이었다.

17 preparation [prèpəréiʃən] n. 준비, 예비 조사

Making preparation for the party tonight is the most important part of the whole event for her.

오늘밤 파티 준비를 하는 것이 그녀를 위한 전체 이벤트에서 가장 중요한 부분이다.

18 postpone [poustpóun] v. 미루다, 연기하다

The meeting of the reading club has been postponed to next Saturday.

독서클럽 회의가 다음주 토요일로 연기되었다.

19 refresh [rifréʃ] v. 상쾌하게 하다, 새롭게 하다

Thanks to a sound sleep, I felt refreshed.

숙면을 하고 난 후, 기분이 상쾌해졌다.

20 require [rikwáiər] v. 요구하다, 필요로 하다

All the students are required to submit a term paper.

모든 학생들은 학기말 과제를 제출하도록 되어 있다.

21 reserve [rizə́:rv] v. ~을 예약하다, 떼어두다 n. 비축, 예비

Remember to reserve for a window seat and to check your luggage weight.

창가 자리 예약과 수하물 무게 확인을 잊지 말아라.

22 return [ritə́:rn] v. 되돌아가다, 방향을 바꾸다 n. 귀환, 순환

After hearing the news of a terrorist attack, all planes returned to a nearby airport.

테러 소식을 듣고 나서, 모든 비행기들은 근처 공항으로 방향을 바꾸었다.

23 scenery [sí:nəri] n. 무대장면, 풍경, 경치, 배경

The grand sight of the natural scenery overwhelmed most of the people.

자연 경치의 웅장함이 대부분의 사람들을 압도시켰다.

24 schedule [skédʒu(:)l] n. 시간표, 예정(표) v. 예정하다

What's your schedule for tomorrow?

내일 일정은 어떻게 됩니까?

25 seashore [sí:ʃɔ́:r] n. 해변, 바닷가, 해안

We enjoy our vacation at the seashore.

우리는 해변에서 휴가를 즐긴다.

26 sightseeing [sáitsìːiŋ] n. 관광, 구경, 유람

You can choose to go sightseeing with your guide or by yourself.

가이드와 함께 하는 여행이나 자유 여행을 선택할 수 있다.

27 site [sáit] n. 위치, 장소, 용지

On the second day, you will visit the historic sites.

둘째 날에는 유적지를 방문할 계획이다.

28 strain [stréin] v. 잡아당기다, 긴장시키다 n. 긴장, 부담

She looked strained and tired.

그녀는 긴장하고 지쳐 보였다.

29 tax [tǽks] n. 세금, 의무 v. 세금을 부과하다, 비난하다

The rich tends to evade taxes much more than the poor does.

부자들이 가난한 사람들 보다 탈세를 훨씬 더 많이 하는 경향이 있다.

30 trip [tríp] n. 여행, 출장

Taking trips around the world is useful to understanding other cultures.

전 세계를 여행하는 것은 다른 문화를 이해하는 것에 도움이 된다.

Lesson 3
Hobbies
|취미

01 **adventure** [ædvéntʃər, əd-] n. 모험

Reading stories of adventure is helpful if you want to be an explorer.

모험 소설을 읽는 것은 탐험가가 되는 것에 도움을 준다.

02 **automobile** [ɔ́:təməbìːl] n. 자동차

Someday, I'll participate in the automobile race.

언젠가, 나는 자동차 경주에 참여할 것이다.

03 **bowling** [bóuliŋ] n. 볼링

You should not wear your own shoes in a bowling alley, except the rented shoes.

볼링장에서는 대여용 신발 이외에는 본인의 신발을 신으면 안 된다.

04 **collect** [kəlékt] v. 모으다, 수집하다

Some of what he collected is rare and priceless.

그가 수집한 것 중 일부는 희귀하고 값으로 매길 수 없다.

05 **clay** [kléi] n. 점토, 찰흙

My club activity is making things out of clay.

나의 클럽 활동은 점토 만들기이다.

06 climbing [kláimiŋ] n. 등반, 등산

Before you go climbing, you should check the weather.

등산을 하기 전에, 날씨를 확인해야 한다.

07 concert [kánsə(:)rt] n. 음악회, 콘서트

I used to hold benefit concerts with my friends.

나는 내 친구들과 자선 콘서트를 열곤 했다.

08 dart [dá:rt] v. 던지다, 쏘다 n. 다트, 화살던지기

I am used to playing dart games from many childhood experiences.

나의 어린 시절 많은 경험 덕분에 다트 게임에 익숙하다.

09 enjoy [endʒɔ́i, in-] v. 즐기다

Which do you enjoy more, fishing or climbing?

낚시와 등산 중에 어느 것을 더 좋아하니?

10 fancy [fǽnsi] n. 공상, 상상 v. 공상하다

In my free time, I like reading a fancy story and painting the images from the book.

여가 시간에, 나는 공상 소설을 읽고, 책 속의 이미지를 그리는 것을 좋아한다.

11 film [fílm] n. 영화

We can see a variety of sport scenes in films recently.

최근에 영화에서 많은 스포츠 장면들을 볼 수 있다.

12 game [géim] n. 놀이, 경기, 시합

A game can be separated into a regular game and an exhibition game.

시합은 공식 경기와 비공식 경기로 나뉠 수 있다.

13 golf [gálf, gɔ́:lf] n. 골프

These days, playing golf is becoming a very common sport.

오늘날, 골프는 아주 흔한 운동이 되었다.

14 gym [dʒím] n. 체육관

The gym is not far from my house, so I can exercise without difficulty.

우리 집과 체육관이 가까워서, 나는 어려움 없이 운동할 수 있다.

15 jog [dʒág] v. 천천히 달리다, 조깅하다

I love jogging along the river in the early morning.

나는 이른 아침에 강을 따라 조깅하는 것을 좋아한다.

16 lovely [lʌ́vli] a. 사랑스러운, 귀여운, 멋진, 즐거운

I like to be with lovely pets like dogs or cats.

나는 개나 고양이와 같은 귀여운 동물들과 함께 있는 것을 좋아한다.

17 quiz [kwíz] n. 질문, 퀴즈

I enjoy taking the quiz in the newspaper.

나는 신문에 있는 퀴즈 푸는 것을 좋아한다.

18 race [réis] n. 경주, 경기 v. 경주하다, 질주하다

His extremely tiny body is appropriate for horse racing.

그의 극히 왜소한 체격은 경마에 적합하다.

19 ride [ráid] v. 타다

Frankly speaking, riding a horse without trainer is very dangerous.

솔직히 말해서, 조련사 없이 말을 타는 것은 아주 위험하다.

20 serve [sə́:rv] n. (테니스의) 서브

To see his serve, you'll know that he is not a professional.

그의 서브를 본다면, 그가 전문가가 아니라는 것을 알게 될 것이다.

21   shoot [ʃúːt] v. 쏘다, 발사하다 n. 사격

A lot of shooting **goals in a short time lead our team to win the game.**

짧은 시간에 많은 득점이 우리 팀을 승리로 이끌었다.

22   sled [sléd] n. 썰매 v. 썰매를 타다.

The dog sleds **are great exprience for foreigners.**

개썰매는 외국인에게 좋은 경험이다.

23   sort [sɔ́ːrt] n. 종류, 부류

We can divide many sorts **of sports into two categories.**

우리는 많은 스포츠의 종류를 두 가지 범주로 나눌 수 있습니다.

24   squash [skwáʃ, skɔ́ːʃ] n. 스쿼시(테니스 비슷한 구기)

Our squash **coach requires me to make my arms strong in order to win the games.**

스쿼시 감독이 나에게 게임에 이기기 위하여 강한 팔을 만들도록 운동을 요구했다.

25   tackle [tǽkl] v. 달려들다, 태클하다

A famous soccer player tackled **by the opponent got injured.**

상대방에 의해 태클 당한 한 유명한 축구선수가 부상을 입었다.

26 team [tíːm] n. 팀, 조

Our team took a lead in the game.

우리 팀이 경기를 주도하고 있었다.

27 throw [θróu] v. 던지다

Throw a dice and you can advance as following number.

주사위를 던져라, 나오는 숫자대로 전진할 수 있다.

28 valuable [vǽljuəbl, vǽljubl] a. 귀중한, 값비싼

There are many valuable things which we can't buy with money.

돈으로 살 수 없는 귀중한 것들이 많이 있다.

29 volleyball [válibɔ̀ːl] n. 배구

My hobbies are playing volleyball and listening to the news.

나의 취미는 배구하는 것과 뉴스 듣는 것이다.

30 weight [wéit] n. 무게, 체중

I'm overweight, so I really want to lose weight.

나는 과체중이어서, 정말로 체중을 줄이고 싶다.

Lesson 4
Life & Death

| 삶과 죽음

01 alive [əláiv] a. 살아 있는, 생존해 있는

I was surprised to find them alive.

나는 그들이 살아있는 것을 발견하고 놀랐다.

02 aloud [əláud] ad. 소리를 내어, 큰 소리로

If you shout aloud **at night again, I'll call the police.**

한번 더 밤에 큰 소리를 내면, 경찰을 부를 것이다.

03 beggar [bégər] n. 거지, 가난뱅이

To reduce beggars **on the street, the government should make more specific laws.**

거리의 거지들을 줄이기 위해서 정부는 좀더 구체적인 법들을 제정해야 한다.

04 beloved [bilávid, -lávd] a. 사랑하는, 귀여운

Every lover sees many virtue in the beloved.

사랑을 하는 사람은 누구나 상대방의 장점이 많이 보인다.

05 bless [blés] v. 은총을 내리다, 축복하다

If you only want to be blessed, **stop going to church right now.**

오직 은총을 받기만을 원한다면, 당장 교회 다니는 것을 그만 두어라.

06 born [bɔ́:rn] a. 타고난, 선천적인

We can't choose to be born rich or poor.

우리는 부유하게 태어날지, 가난하게 태어날지 선택할 수 없다.

07 boundary [báundəri] n. 경계(선), 영역

Crossing the boundary without any permission may cause serious consequences.

아무런 허락 없이 국경을 넘는 것은 심각한 결과를 초래할지도 모른다.

08 devil [dévəl] n. 악마, 악귀

Human shares both a devil and an angel at the same time.

인간은 악마와 천사의 면을 동시에 가지고 있다.

09 delight [diláit] n. 기쁨, 즐거움

Every person was crazy with delight at the sight of our team winning the first prize.

우리 팀이 1등한 것에 모든 사람이 기뻐해 주었다.

10 difference [dífərəns] n. 다름, 차이

Despite his effort, the second project had no great difference to the first.

그의 노력에도 불구하고, 두 번째 연구는 큰 차이가 없었다.

11 funeral [fjú:nərəl] n. 장례식

Thanks to his contribution to our society, many people attended his funeral.

사회에 대한 그의 공헌 덕분에, 많은 사람들이 그의 장례식에 참석했다.

12 essence [ésns] n. 본질, 핵심

The essence of every religion is faith.

모든 종교의 핵심은 믿음이다.

13 exist [igzíst] v. 존재하다, 생존하다

Time machines only exist in people's imaginations.

타임머신은 사람들의 상상에서만 존재한다.

14 helpful [hélpfəl] a. 도움이 되는, 유용한

Meditation is helpful in controlling our mind in many ways.

명상은 여러 가지 면에서 정신 훈련에 도움이 된다.

15 ideal [aidí:əl] a. 이상의, 이상적인, 상상의 n. 이상, 상상

An ideal beauty is in the mind, not in the appearance.

이상적인 아름다움은 외모가 아니라 마음에 있다.

16 **immigrate** [íməgréit] v. (타국으로) 이주하다

A large corporation must hire foreign workers who immigrated to our country.

대기업은 우리 나라로 이주해온 외국인 노동자들을 고용해야 한다.

17 **miserable** [mízərəbl] a. 불쌍한, 비참한

Many people were shocked at the miserable sights in North Korea.

많은 사람들이 북한에서의 비참한 광경에 충격을 받았다.

18 **perish** [périʃ] v. 멸망하다, 죽다

We need to be concerned about people who are perishing from hunger and disease.

우리는 배고픔과 질병으로 죽어가는 사람들에게 관심을 가질 필요가 있다.

19 **presently** [prézntli] ad. 이내, 곧, 즉시

The explorers will leave for other mysterious lands presently.

탐험가들은 곧 다른 미지의 땅으로 떠날 것이다.

20 **recall** [rikɔ́:l] v. 생각해내다, 상기하다

The melody of the piano recalled the first love to my mind.

피아노의 선율이 첫사랑을 떠오르게 했다.

21 relief [rilíːf] n. 경감, 안심, 구원

I saw tears of relief and joy on my mother's face.

나는 엄마의 얼굴에서 기쁨과 안도의 눈물을 보았다.

22 rotten [rátn, rɔ́tn] a. 썩은, 부패한

After peeling off the shell of the watermelon, we found its inside rotten.

수박의 껍질을 벗기고 난 후, 우리는 속이 썩은 것을 알았다.

23 scatter [skǽtər] v. 뿔뿔이 흩어 버리다, 흩뿌리다

There are a lot of kinds of races scattered around this region.

이 지역에는 많은 인종들이 흩어져 있다.

24 settle [sétl] v. 자리잡다, 정착하다

In spite of many troubles, we managed to settle ourselves in Africa.

많은 어려움에도 불구하고, 우리는 아프리카에 겨우 정착하였다.

25 sorrow [sárou, sɔ́ːr-] n. 슬픔, 비애

I'll always be with you in joy and in sorrow.

기쁠 때나 슬플 때나 언제나 너와 함께 할 것이다.

26 **suicide** [súːəsàid] n. 자살(행위) v. 자살하다

Being in debt for a long time drove him to commit suicide.

장기간의 빚이 그를 자살로 몰았다.

27 **thankful** [θǽŋkfəl] a. 감사하고 있는, 고마워하는

I'm thankful that my son and other family members were rescued from the fire.

화재현장에서 제 아들과 가족을 구조해주신 데 대하여 감사를 드립니다.

28 **tomb** [túːm] n. 무덤, 묘

What is learned in the cradle is carried to the tomb.

세 살 버릇 여든까지 간다.

29 **youngster** [jʌ́ŋstər] n. 젊은이, 청년, 아이

Youngsters! Just follow me and I'll show you how to overcome your problems.

젊은이들이여! 나만 믿고 따라오면, 문제를 극복하는 방법을 알려줄 것이다.

30 **youth** [júːθ] n. 젊음, 청년(시절)

The secret of keeping your youth is to have a positive outlook.

젊음을 유지하는 비결은 긍정적인 생각을 하는 것이다.

A 아래 영영풀이에 해당하는 단어를 보기에서 골라 넣으시오.

> vital | bless | postpone | destination | boundary

1 _____ : it is necessary or very important.

2 _____ : an imaginary line that separates an area from other areas.

3 _____ : the place to which one is going towards or is being sent to.

4 _____ : to ask for God's favor and protection .

5 _____ : to delay something or arrange for it to take place at a later time than was originally planned.

B 영어는 한글로, 한글은 영어로 쓰시오.

6 treatment

7 board

8 faint

9 cavity

10 deaf

11 경치, 풍경

12 해안가

13 모험

14 자동차

15 장례식

C 다음 각 단어의 뜻에 포함되지 않는 것을 고르시오.

16 lack ① abundance ② shortage ③ need ④ inadequacy

17 superior ① greater ② higher ③ better ④ inferior

18 **extra**　① additional ② added　③ further　④ vital

19 **fancy**　① plain　② elaborate ③ decorative　④ ornate

20 **rotten**　① decaying ② crumbling ③ fresh　④ corrupt

D 빈 칸에 알맞은 말을 빈 칸에서 고르시오. 필요하다면 형태를 바꾸시오.

| perish | aloud | tackle | sorrow | suicide |

21 She felt _____ for her dying dog.

22 He _____ in battle in 1995.

23 He left a memo saying the cause of his _____.

24 Drunken people shouts _____ at night.

25 I got wounded by a _____ last Saturday.

E 각 단어의 뜻을 쓰시오.

26 youth:　　　　　　　　in one's youth:

27 weight:　　　　　　　　carry weight:

28 schedule:　　　　　　　ahead of schedule:

29 care:　　　　　　　　　care for:

30 ease:　　　　　　　　　ill at ease:

Part 4

Society & Culture

[사회와 문화]

Lesson 1
Society
| 사회

01 **adjust** [ədʒʌ́st] v. 맞추다, 조정하다

I asked him to adjust my starting hour for work to 9 a. m..

그에게 내 출근 시간을 오전 9시로 조정해 달라고 부탁하였다.

02 **alike** [əláik] a. 서로 같은, 마찬가지의 ad. 마찬가지로, 같게, 동등하게

These two laptops are alike in performance.

이 두 개의 노트북은 성능 면에서 동일하다.

03 **apologize** [əpáləd3àiz] v. 사과하다, 사죄하다

Last night, the kids came and apologized for stealing fruits.

어젯밤, 아이들이 찾아와 훔쳐간 과일에 대해 사과하였다.

04 **approve** [əprú:v] v. 승인하다, 찬성하다

The city assembly officially approved redevelopment of this district.

시의회에서 이 지역의 재개발을 공식적으로 승인하였다.

05 **associate** [əsóuʃièit] v. 교제하다, 참가하다

If you join this club, you will have the chance to associate with all these people.

이 동아리에 가입하면, 여기 있는 모든 사람들과 교제할 수 있는 기회를 갖게 된다.

06 available [əvéiləbl] a. 사용 가능한, 쓸모 있는

These bicycles are available for free during the weekend.
이 자전거는 주말 동안 무료로 사용할 수 있다.

07 barrier [bǽriər] n. 울타리, 장벽

He broke a racial barrier and became the first African-American president.
그는 인종간의 장벽을 극복하고 첫 번째 흑인 대통령이 되었다.

08 circumstance [sə́:rkəmstæns, -stəns] n. 상황, 환경

In any circumstances, his decision wouldn't change.
어떤 상황에서도, 그의 결정은 변하지 않을 것이다.

09 community [kəmjú:nəti] n. 사회, 공동체

He's well liked by people in the community.
마을 사람들은 그를 좋아했다.

10 complain [kəmpléin] v. 불평하다, 한탄하다

A newly married couple complained about private education expenses.
새로 결혼한 부부가 사교육비 지출에 대해 불평하였다.

11 cooperation [kouɑ̀pəréiʃən] n. 협력, 협동

Thank you for your cooperation.

당신의 협력에 감사드립니다.

12 conflict [kánflikt] n. 투쟁, 분쟁 v. 충돌하다

Try to keep any conflict between you and your partner to a minimum.

동료와의 분쟁을 최소화하도록 노력하라.

13 consequence [kánsikwèns, -kwəns] n. 결과, 결말

She understood the consequences of her actions and accepted the punishment.

그녀는 자신의 행위가 야기한 결과를 이해하였고 처벌을 받아들였다.

14 contrary [kántreri] a. 반대의, 반하는 n. 정반대

He is not a vegetarian, quite the contrary.

그는 채식주의자가 아니라 그 반대에 가깝다.

15 contribute [kəntríbjuːt] v. 기부하다, 기증하다

They would like to contribute more to charity, but money is tight this year.

그들은 자선단체에 좀 더 기부하고 싶었지만, 올해는 자금 사정이 좋지 않았다.

16 critical [krítikəl] a. 비평의, 비판적인

His article of the basketball player is highly critical.

해당 농구선수에 대한 그의 기사는 매우 비판적이었다.

17 demand [diménd, -máːnd] n. 요구, 수요, 일 v. 요구하다, 청구하다

Demand for coal is down and so are prices.

석탄에 대한 수요가 줄어들어 가격도 내린다.

18 deny [dinái] v. 부정하다, 부인하다

They all denied that they have never seen her.

그들 모두 그녀를 본적이 없다고 부인했다.

19 dispute [dispjúːt] v. 논쟁하다, 논의하다 n. 논쟁

The two countries are in dispute over the boundaries.

두 국가가 국경 문제로 인해 논쟁 중이다.

20 disturb [distə́ːrb] v. 방해하다, 불안하게 하다

In this room, you won't be disturbed by anyone.

이 방안에서는, 누구에게도 방해 받지 않을 것입니다.

21　**insist** [insíst]　v. 우기다, 주장하다

She insisted on her innocence.
그녀는 자신의 결백을 주장했다.

22　**irregular** [irégjulər]　a. 불규칙한, 변칙의

Cars passed at irregular intervals.
자동차들이 불규칙한 주기로 지나쳐갔다.

23　**opportunity** [àpərtjúːnəti]　n. 기회, 행운

I had an opportunity to go to London to study.
내겐 런던에 가서 공부할 기회가 있었다.

24　**partly** [páːrtli]　ad. 부분적으로, 얼마간

He felt partly responsible for the accident.
그는 사고에 대해 부분적으로 책임이 있음을 느꼈다.

25　**popularity** [pàpjulǽrəti]　n. 인기, 인망

Popularity of walking and golf increased these days.
걷기와 골프의 인기가 최근 증가하였다.

26 related [riléitid] a. 관계가 있는, 친족의

All of us have to know that this company has a lot of related agencies.

우리 모두는 이 회사가 많은 관계 기관들을 가지고 있다는 것을 알아야 한다.

27 response [rispáns] n. 응답, 대답

There has been no response to his request.

그의 요구에 대한 응답이 없었다.

28 right [ráit] a. 옳은, 올바른

It is appropriate time to make the right choice.

지금이 옳은 결정을 할 적절한 시기이다.

29 utilize [júːtəlàiz] v. 활용하다, 소용되게 하다

The company will utilize its regional sales network.

이 회사는 자신의 지역 영업망을 활용할 것이다.

30 virtue [vɔ́ːrtʃuː] n. 미덕, 선행, 장점

She will become a model of pure virtue

그녀는 곧 순수한 미덕의 모범이 될 것이다.

Lesson 2

Culture

| 문화

01 admit [ædmít, əd-] v. 허가하다, 인정하다

The president refused to admit that he was wrong in some ways.

대통령은 그가 어느 정도는 잘못했음을 인정하지 않았다.

02 advance [ədvǽns, əd-] v. 진척시키다, 전진하다

There are people who are seeking to advance our culture through writing.

글쓰기를 통해 우리의 문화를 발전시킬 길을 모색하는 사람들이 있다.

03 another [ənʌ́ðər] a. 다른 하나의, 별개의

You have to view it in another way when you are looking at an abstract painting.

추상화를 감상할 때에는 또 다른 시각을 갖고 감상해야 한다.

04 broadcast [brɔ́:dkæst] v. 방송하다 n. 방송

His performance is broadcasted on MTV now.

그의 공연이 현재 MTV에서 생중계되고 있다.

05 choir [kwáiər] n. 합창단, 성가대

Most of the choir members are under 15, and they show their ability to sing high notes.

성가대 구성원의 대부분이 15세 미만이고, 그들은 높은 음을 노래하는 데에서 그들의 능력을 보여준다.

06 civilization [sìvəlizéiʃən] n. 문명

In general, highly advanced civilizations have highly advanced cultures.

일반적으로, 고도로 발전된 문명은 고도로 발전된 문화를 갖고 있다.

07 common [kámən] a. 공통의

Making their own masterpieces is a common goal for many artists.

많은 예술가들의 공통적인 목표는 자신만의 결작을 만드는 것이다.

08 cultural [kʌ́ltʃərəl] a. 문화의

He donated much money to establish a cultural and educational centre.

그는 문화 교육센터를 설립하는데 많은 돈을 기부했다.

09 current [kə́:rənt, kʌ́r-] a. 현행의, 현재의 n. 흐름, 경향

I am satisfied with the current job.

나는 현재의 직업에 만족한다.

10 festival [féstəvəl] n. 잔치, 축제

About the film festival, the chairman said that he is very proud of its success.

위원장은 영화제의 성공에 대해 자랑스럽다고 말했다.

11　gap [gǽp]　n. 틈새, 격차

In spite of the age gap, they made the best duet on stage.
나이 차에도 불구하고, 그들은 무대에서 최고의 듀엣 공연을 선사했다.

12　heritage [héritidʒ]　n. 유산

She wanted to to share the heritage equally with his brother.
그녀는 오빠와 유산을 동일하게 상속받길 원했다.

13　literature [lítərətʃər, -tʃùər]　n. 문학, 문예

They have been introducing Korean literatures to France.
그들은 프랑스에 한국 문학을 소개해 오고 있다.

14　masterpiece [mǽstərpìːs, máːs-]　n. 걸작, 명작

Many novels are published but true masterpieces are rare.
더 많은 소설이 출간되었으나 진정한 걸작은 흔하지 않다.

15　pattern [pǽtərn]　n. 양식, 경향

His new work follows the same pattern as his other works.
그의 새 작품도 다른 작품과 마찬가지로 같은 양식을 따르고 있다.

16 particular [pərtíkjulər] a. 특별한, 특유의

Her interest is confined to a particular genre of movies.

그녀가 관심을 갖는 것은 특정 장르의 영화들에 한정되어 있다.

17 perform [pərfɔ́ːrm] v. 실행하다, 공연하다

They are performing a concerto for a live in front of the audience.

그들은 라이브로 청중들 앞에서 협주곡을 공연한다.

18 poet [póuit] n. 시인

Edgar Allen Poe is one of the most famous American poets.

Edgar Allen Poe는 가장 유명한 미국의 시인 중 한 명이다.

19 property [prápərti] n. 재산, 소유

This sculpture is considered as a valuable property to him.

이 조각상은 그에게 귀중한 재산이다.

20 publish [pʌ́bliʃ] v. 발표하다, 출판하다

A book on modern art is to be published in this winter.

현대 예술에 관한 책 한 권이 올 겨울 출판될 것이다.

21 national [nǽʃənl] a. 국가적인, 국민적인

Stores in the street were closed because it was national
holiday.

국경일이라서 도로의 가게들이 문을 닫았다.

22 novel [nάvəl] n. 소설

He has just completed writing his first novel.

그는 막 자신의 첫 번째 소설을 완성했다.

23 revolution [rèvəlúːʃən] n. 혁명, 변혁

The 1979 Revolution **launched a renaissance in Persian**
classical music.

1979년 혁명으로 인해 페르시아 고전 음악의 부흥기가 열렸다.

24 row [róu] n. 열, 줄

I stood books in a row.

나는 책들을 한 줄로 세웠다.

25 sculpture [skΛlptʃər] n. 조각, 조소 v. 조각하다

She sculptured **a head out of the marble.**

그녀는 대리석으로 두상을 조각했다.

26 spirit [spírit] n. 정신, 영혼

They tried to express the human spirit through artistic moves.

그들은 예술적인 움직임을 통해 인간의 영혼을 표현하려 했다.

27 treasure [tréʒər] n. 보물, 재보

Today, this golden Buddha statue will be designated as a national treasure.

오늘 이 금동 불상이 국보로 지정될 것이다.

28 various [véəriəs] a. 가지각색의, 다양한

Various kinds of artifacts have been found from a sunken boat.

다양한 종류의 유물들이 가라앉은 배에서 발견되었다.

29 world-famous [wə́:rld féiməs] a. 세계적으로 유명한

They have an auction to sell world-famous paintings.

그들은 세계적 명화들을 팔기 위해 경매를 열었다.

30 worthy [wə́:rði] a. 훌륭한, 가치 있는

The performance was worthy of their reputation.

그들의 명성에 부끄럽지 않은 공연이었다.

Lesson 3

Media

| 매체

01 advertise [ǽdvərtàiz] v. 광고하다, 선전하다

The company advertise in a newspaper to promote sales.

회사는 판촉을 위해 신문에 광고했다.

02 announce [ənáuns] v. 알리다, 공고하다

A famous movie star announced his marriage through an interview.

한 유명 영화 배우가 인터뷰를 통해 자신의 결혼 사실을 알렸다.

03 audience [ɔ́:diəns] n. 청중, 관객

Performing plays in front of such a many audiences would be a burden.

그렇게 많은 관객들 앞에서 공연하는 것은 부담일 것이다.

04 benefit [bénəfit] n. 이익, 이득

They expect the benefit of the advertising campaign to be more than 10 million wons.

그들은 광고로 인한 이득이 1,000만원 이상일 것으로 예상한다.

05 cable [kéibl] n. 케이블

This event was also aired live on a cable television channel.

이 행사는 또한 케이블 텔레비전을 통해 생방송으로 중계되었다.

06 cartoon [kɑːrtúːn] n. 만화

You can watch cartoons all day long on this channel.

이 채널에서는 하루 종일 만화를 볼 수 있다.

07 closely [klóusli] ad. 접근하여, 면밀히

People are closely watching their behavior from television.

사람들이 그들의 행동을 텔레비전을 통해 면밀히 지켜보고 있다.

08 comment [kámənt, kɔ́m-] n. 논평, 주해 v. 논평하다

The president commented on education and social welfare policies.

대통령이 교육과 사회 복지 정책에 대해 언급했다.

09 commercial [kəmə́ːrʃəl] a. 상업적인, 영리적인

So many children are exposed to commercial advertisements.

많은 아이들이 상업 광고에 노출되어 있다.

10 conduct [kándʌkt] v. 안내하다, 행동하다

The authority plans to conduct intensive deliberation on the show.

위원회는 해당 프로그램에 대한 정밀한 심의를 가질 예정이다.

11 correspond [kɔ̀:rəspánd, kàr-] v. 어울리다, 일치하다

His soft song and fantastic dance correspond with his costume.

그의 감미로운 노래와 환상적인 안무가 의상과도 어울린다.

12 data [déitə, dá:tə, dǽtə] n. 자료, 데이터

This will be used as a basic data to research the trend of audiences.

이것은 시청자들의 동향을 조사하기 위한 기초 자료로 사용될 것이다.

13 edit [édit] v. 편집하다

The final edited version will be trimmed down to ten minutes.

최종 편집된 버전은 10분 분량으로 단축된다.

14 effective [iféktiv] a. 유효한, 효과적인

It wouldn't be effective in cost to put an advertisement on the radio.

라디오에 광고를 내보내는 것은 비용 면에서 효과적이지 못할 것이다.

15 halfway [hǽfwéi, há:f-] a. 도중의, 중간의

September is halfway gone but the revised broadcasting bill is still pending.

9월이 절반이나 지나갔는데도 개정된 방송법은 아직 계류 중이다.

16 inform [infɔ́:rm] v. 알리다, 보고하다

A TV station neglected to inform audiences that broadcasting hours have changed.

한 방송국에서 변경된 시청시간을 시청자들에게 알리는 것을 소홀히 하였다.

17 inquire [inkwáiər] v. 묻다, 문의하다

He inquired about the current political situation.

그는 현재 정치 상황에 대해 질문하였다.

18 intelligent [intélədʒənt] a. 지적인, 영리한

The actress was intelligent enough to attract attention of male viewers.

그 여배우는 남성 시청자의 주목을 끌 정도로 영리했다.

19 legal [lígəl] a. 합법의, 법적인

Legal action was taken by the government to suppress journalists.

언론인을 억압하기 위한 법적 조치가 정부에 의해 취해졌다.

20 massive [mǽsiv] a. 많은, 무거운

People can get massive amount of information from news.

사람들은 뉴스를 통해 방대한 양의 정보를 얻을 수 있다.

21 **moral** [mɔ́(:)rəl, mɑ́r-] a. 도덕의, 윤리의 n. 우의, 교훈

The news caster resigned last week to take moral responsibility.

그 뉴스 진행자는 지난 주에 도덕적 책임을 지고 사임하였다.

22 **notice** [nóutis] n. 통지, 통고

The broadcast wasn't carried without any notice

어떠한 통고도 없이 방송이 중단되었다.

23 **opinion** [əpínjən] n. 의견, 견해

A recent public opinion poll found that most people have negative attitude.

최근 여론조사에 따르면 대다수의 국민들이 부정적인 태도를 갖고 있는 것으로 나타났다.

24 **poll** [póul] n. 여론조사, 투표 v. 여론조사 하다

The final result of the poll will be known after 8 p.m..

언최종 개표 결과는 8시 이후에 발표될 것이다.

25 **press** [prés] n. 출판물, 신문, 잡지 v. 누르다, 인쇄하다

The incident was widely reported in the press.

그 사건은 언론에 대대적으로 보도되었다.

26 produce [prədjúːs] v. 산출하다, 생산하다

They produced many media products.

그들은 많은 미디어 제품을 생산했다.

27 public [pʌ́blik] a. 공공의, 공적인

Public opinion has been sharply divided over the troop dispatch.

병력 파견을 놓고 국내 여론이 첨예하게 양분되었다.

28 quote [kwóut] v. 인용하다, 예시하다

The newspaper quoted the president saying the government wouldn't intervene.

이 신문은 정부가 개입하지 않을 것이라는 대통령의 말을 인용했다.

29 report [ripɔ́ːrt] n. 보고서

She filled out a report about the incident.

그녀는 사건에 대한 보고서를 작성했다.

30 series [síəriːz] n. 일련, 연속

A series of interesting debates helped to increase audience rating.

연속된 흥미로운 토론으로 인해 시청률이 상승했다.

Lesson 4

Crime &
Punishment

| 죄와 벌

01 abuse [əbjúːs] v. 남용하다, 오용하다 n. 남용, 욕설

Child abuse **cases have increased 20 percent.**

아동 학대 사건이 20퍼센트 증가하였다.

02 accident [ǽksədənt] n. 사고, 재난

Police caught a suspect, who has fled from the accident **scene.**

경찰이 뺑소니 피의자를 검거했다.

03 accuse [əkjúːz] v. 고소하다, 고발하다

They are accused **of giving money to a candidate.**

그들은 한 후보자에게 돈을 건네준 혐의로 기소되었다.

04 arrest [ərést] v. 체포하다, 저지하다 n. 체포

An armed robber was arrested **by the police.**

무장 강도가 경찰에 의해 체포되었다.

05 clue [klúː] n. 실마리

He has no clue **for the case.**

그는 사건에 대한 실마리를 전혀 잡지 못했다.

06 **chase** [tʃéis] v. 쫓다, 추적하다 n. 추적

The police chased the suspects into the corner.

경찰이 용의자들을 막다른 골목으로 몰아 넣었다.

07 **commit** [kəmít] v. 저지르다

He promised me that he would never commit a crime again.

그는 내게 다시는 죄를 짓지 않겠다고 약속했다.

08 **confess** [kənfés] v. 고백하다, 자백하다

He had confessed to five murders.

그는 다섯 건의 살인에 대해 자백하였다.

09 **detect** [ditékt] v. 발견하다, 탐지하다

Most cancers are compeletely curable if detected early.

대부분의 암은 일찍 발견되면 완치될 수 있다.

10 **defend** [difénd] v. 지키다, 변호하다

Everyone can hire a lawyer to defend their rights.

모든 사람은 변호사를 고용하여 자신의 권리를 지킬 수 있다.

11 doubt [dáut] n. 의심, 의혹 v. 의심하다

There is no doubt **he committed it.**

그가 저지른 일이라는 것에 의심의 여지가 없다.

12 escape [iskéip, es-] v. 달아나다, 탈출하다

Several prisoners have escaped **from the prison.**

몇 명의 죄수가 감옥에서 탈출하였다.

13 evidence [évədəns] n. 증거, 증언

There is not enough evidence **to show the cause of his death.**

그의 사인을 입증할 만한 충분한 증거가 없다.

14 fine [fáin] n. 벌금, 과태료

It was the third-largest criminal antitrust fine **in U.S. history.**

이는 독점 금지법 관련 벌금으로는 미국 역사상 세 번째로 많은 액수입니다.

15 force [fɔ́ːrs] n. 폭력, 강압

Use of excessive force **by the police caused deaths of people.**

경찰의 과잉 진압으로 사망자가 발생하였다.

16 **guilty** [gílti] a. 유죄의

He was found guilty of setting off the fire.

그는 방화범으로 유죄 판결을 받았다.

17 **incident** [ínsədənt] n. 사건, 사고

Upon investigation, there are five men who are directly involved in the incident.

조사 결과, 사고에 직접적으로 연관된 사람이 다섯 명인 것으로 확인되었다.

18 **innocence** [ínəsəns] n. 결백, 무죄

The lawyer convinced the judge of his client's innocence.

변호사는 판사에게 그의 의뢰인의 결백함을 주장했다.

19 **jail** [dʒéil] n. 감옥, 교도소

She was sent to jail for stealing.

그녀는 절도죄로 감옥에 보내졌다.

20 **judge** [dʒʌ́dʒ] n. 판사, 재판관

The judge can throw the suit out of court.

판사는 소송을 기각할 수 있다.

21 justice [dʒʌ́stis] n. 정의, 공정

Government officers should continue to seek justice.

정부 관리들은 정의 실현을 위해 계속 노력해야 한다.

22 order [ɔ́ːrdər] v. 명령하다, 주문하다

The judge ordered **the prisoner transferred to another jail.**

판사는 죄수를 다른 감옥으로 이감시키라고 명령했다.

23 prisoner [prízənər] n. 죄수

The prisoner **escaped to the border.**

죄수는 국경 쪽으로 달아났다.

24 punish [pʌ́niʃ] v. 응징하다, 벌하다

They were punished **harshly for their crime.**

그들은 지은 죄의 대가로 엄벌에 처해졌다.

25 regulate [régjulèit] v. 규제하다, 통제하다

These may not be regulated **by law.**

이것들은 법의 규제를 받지 않을 것이다.

26 rob [ráb] v. 훔치다, 강탈하다

He tried to rob a convenience store today.

그는 오늘 편의점을 털려고 했다.

27 serious [síəriəs] a. 진지한, 심각한

Some say that a death penalty can be a deterrent to serious crimes.

사형제도가 흉악한 범죄를 예방할 수 있다고 말하는 사람들도 있다.

28 sin [sín] n. 죄, 죄악

He was punished in retribution for his sins.

그는 지은 죄에 대한 벌을 받았다.

29 steal [stí:l] v. 훔치다, 절취하다

It was sheer insanity to steal the money.

돈을 훔치다니 정말 미친 짓이었다.

30 trace [tréis] v. 추적하다

Police are tracing two men seen leaving the house.

경찰은 그 집을 떠난 것이 목격된 두 명의 남자를 쫓고 있다.

Lesson 5
Religion

|종교

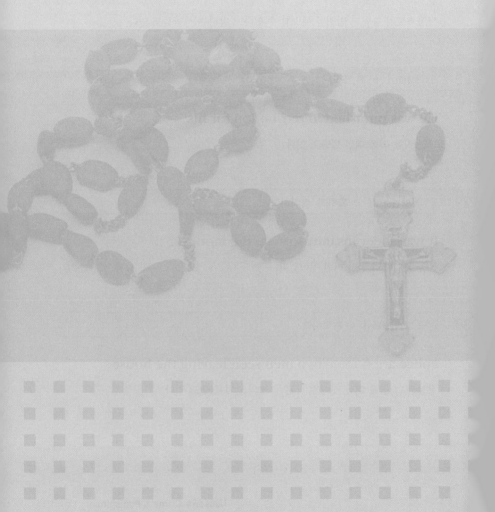

01 ancient [éinʃənt] a. 고대의, 예로부터의

His knowledge of ancient religion is very helpful.

그의 고대 종교에 관한 지식이 많은 도움이 된다.

02 blessing [blésiŋ] n. 축복, 은총

While others see this as a blessing, he sees this as a curse to him.

다른 이들에게는 축복이지만, 그에게는 저주나 다름없는 일이다.

03 Catholic [kǽθəlik] a. 가톨릭교회의

He was born into a Catholic family.

그는 가톨릭 집안에서 태어났다.

04 clever [klévər] a. 영리한, 재치 있는

Father Steven started lecture with clever jokes.

스티븐 목사는 재치 있는 농담으로 강연을 시작했다.

05 conscious [kánʃəs, kɔ́n-] a. 의식적인, 지각 있는

If you seek salvation, you need conscious participation in this church.

구원을 바란다면, 이 교회로의 지각 있는 참여가 요구된다.

06   devote [divóut] v. 바치다, 내맡기다

She devoted **herself to the charity hospital.**

그녀는 자선 병원에 매우 헌신적이었다.

07   evil [íːvəl] a. 나쁜, 사악한 n. 악

The priest exorcised an evil **spirit out of the house.**

신부가 사악한 악령을 집에서 몰아내었다.

08   faith [féiθ] n. 신념, 신조

His sermon shook my faith.

그의 설교를 듣고 내 신념이 흔들렸다.

09   fame [féim] n. 명성, 명예

Her fame **as a nun increased after her death.**

그녀의 사후, 수녀로서의 명성이 더욱 높아졌다.

10   firm [fɔ́ːrm] a. 굳은, 견고한

Love is a relationship built on a firm **foundation.**

사랑이란 단단한 토대 위에 세워진 관계이다.

11 flesh [fléʃ] n. 살

Jesus said that a soul has no flesh or bones.

예수께서 말씀하시길 영혼에는 살이나 뼈가 없다고 하셨다.

12 holy [hóuli] a. 신성한, 정결한

This is a holy site, so please be silent.

이곳은 신성한 장소니 정숙하세요.

13 inspiration [ìnspəréiʃən] n. 영감, 고무

The inspiration came to me after listening to his preaching.

그의 설교를 듣자 영감이 떠올랐다.

14 logical [ládʒikəl] a. 논리적인

There must be a more logical approach to solve this problem.

이 문제를 해결하는 좀 더 논리적인 접근 방법이 분명히 있을 것이다.

15 mind [máind] n. 마음, 정신

Meditation can help clear your mind and calm your spirit.

명상은 당신의 마음을 깨끗이 비워주고 정신을 안정시킬 수 있다.

16　minister [mínistər]　n. 성직자, 목사

He is a diligent minister and a descent man.

그는 부지런한 목사이고, 괜찮은 사람이다.

17　numerous [njúːmərəs]　a. 다수의, 수 많은

Numerous Buddhists gathered in the temple.

수 많은 불교신자들이 절로 모여들었다.

18　praise [préiz]　n. 칭찬, 찬양

Hindus were singing hymns in praise of the god Rama.

힌두교도들은 라마 신을 찬양하기 위해 성가를 부르고 있었다.

19　pray [préi]　v. 빌다, 기도하다

I just hope and pray that they are alive.

나는 단지 그들이 살아있기를 바라고 기도할 뿐이다.

20　precious [préʃəs]　a. 귀중한, 가치 있는

They regarded their children as precious gifts from God.

그들은 자식들을 신께서 내려주신 귀중한 선물로써 대하였다.

21 proof [prú:f] n. 증거, 증명

There is no proof that God created this world.

신이 이 세상을 창조했다는 증거는 어디에도 없다.

22 relief [rilí:f] n. 경감, 위안

These poor and unhappy people sought the Pope for relief.

가난하고 불행한 사람들이 교황에게 위안을 구했다.

23 religious [rilídʒəs] a. 신앙의, 종교적인

Any sort of religious activity is merely a facade.

어떤 종류의 종교 활동이라도 단지 허울일 뿐이다.

24 sacrifice [sǽkrəfàis] n. 희생, 헌신 v. 희생(헌신)하다

The priest sacrificed a lamb to God.

사제가 신께 양 한 마리를 제물로 바쳤다.

25 shrine [ʃráin] n. 사당, 성지

Some Japanese politicians' Yaskuni shrine visits are insane activities.

일부 일본 정치인들의 야스쿠니 신사 참배는 미친 짓이다.

26　saint [séint]　n. 성인

He is also known as a famous saint
그는 또한 유명한 성인으로 알려져 있다.

27　soul [sóul]　n. 영혼

Some people beliveve that the soul **and spirit are distinct.**
영혼과 정신이 다르다고 믿는 사람이 있다.

28　tale [téil]　n. 이야기, 설화

Some tales **have religious basis.**
몇몇 동화들은 종교적인 근거를 갖고 있다.

29　vain [véin]　a. 헛된, 공허한

She prayed for 100 days but her efforts were in vain **after all.**
그녀는 100일 동안 기도했으나 결국 모든 노력이 수포로 돌아갔다.

30　worship [wə́:rʃip]　n. 예배, 숭배

He goes to a church and worships **God.**
그는 교회에 가서 신께 예배 드린다.

Check up

A 다음 영어 단어의 우리말 뜻을 쓰시오.

1 apologize _____ 2 complain _____

3 another _____ 4 common _____

5 opinion _____ 6 perform _____

B 다음 우리말을 영어로 옮기시오.

7 국가적인 _____ 8 공고하다 _____

9 상업적인 _____ 10 사고 _____

11 신앙의 _____ 12 헛된 _____

C 영어와 우리말 뜻을 알맞게 연결하시오.

13 effective •

14 intelligent •

15 devote •

16 inspiration •

17 sacrifice •

• 바치다

• 영감

• 희생

• 효과적인

• 지적인

D 빈칸에 우리말 뜻에 해당하는 영어를 써 넣으시오.

18 Some say that a death penalty can be a deterrent to _____
   (심각한) crimes.

19 The lawyer is convinced of the _____ (결백) of the
   suspect.

20 He want to _____ (바치다) his attention to his business.

Part 5

Politics & Economy

[정치와 경제]

Politics 정치 | **Economy** 경제 | **Industry** 산업

Lesson 1
Politics
|정치|

01 administer [ædmínistər] v. 관리하다, 다스리다

The prime minister had difficulty to administer financial affairs.

수상은 재무를 관리하는 데 어려움을 겪었다.

02 affair [əfɛ́ər] n. 업무, 직무, 사건

He makes his secretary be in charge of private financial affairs.

그는 그의 비서에게 개인적인 재무 업무를 담당하게 했다.

03 argue [ɑ́:rgju:] v. 논하다, 논의하다, 주장하다, 설득하다

They began to argue over the proposition.

그들은 그 제안에 대해 논의하기 시작했다.

04 assembly [əsémbli] n. 모임, 회의

The city assembly gets elected once every four years.

시의회는 4년마다 구성된다.

05 candidate [kǽndədèit, -dət] n. 후보자, 지원자

He has been pointed as a potential presidential candidate.

그는 잠재적인 대통령 후보로 지명되어왔다.

06 commission [kəmíʃən] n. 위원회, 위임, 임무

The opposition parties complained to the election commission.

야당이 선거 관리 위원회에게 항의하였다.

07 constitution [kὰnstətʃúːʃən] n. 헌법, 구성, 체질

This is a basic human right, whether it was stated in the Constitution or not.

헌법 명시 여부를 떠나 이것은 인간의 기본 권리이다.

08 democracy [dimάkrəsi] n. 민주주의, 민주정치

Democracy guards and respects the rights of the individual.

민주주의는 개인의 권리를 수호하고 존중한다.

09 diplomat [dípləmæ̀t] n. 외교관, 외교가

He is a diplomat who has been sent to America.

그가 미국으로 보내진 외교관이다.

10 elect [ilékt] v. 선거하다, 선임하다

He was elected to the presidency.

그는 대통령으로 선출되었다.

11 embassy [émbəsi] n. 대사관

This legation was upgraded to an embassy.

이 공사관은 대사관으로 승격되었다.

12 govern [gʌ́vərn] v. 통치하다, 다스리다

Today, the two counties are governed quite differently.

오늘날 두 자치주는 매우 다른 방식으로 통치되고 있다.

13 justify [dʒʌ́stəfài] v. 정당화하다

The end doesn't justify the means.

결과가 수단을 정당화하지는 않는다.

14 liberal [líbərəl] a. 자유주의의

Liberal democracy is the national idea of this country.

자유 민주주의가 이 나라의 국가적 이념이다.

15 official [əfíʃəl] n. 공무원 a. 공식의

A senior official said the meeting was successful.

한 고위 관리에 따르면 회담이 성공적이었다고 한다.

16　oppose [əpóuz]　v. 반대하다, 대항하다

They oppose **spending tax money on military defense.**

그들은 세금이 국방비로 지출되는 것에 반대한다.

17　parliament [pá:rləmənt, -ljə-]　n. 의회, 국회

This bill was passed by Parliament **last July.**

이 법안은 지난 7월에 국회에서 통과되었다.

18　passive [pǽsiv]　a. 수동적인, 수동의

The government has been taking a passive **approach to improve relationship with that country.**

정부는 그 나라와의 관계를 개선시키는 것에 대해 수동적으로 접근하고 있다.

19　persuade [pərswéid]　v. 설득하다, 권유하다

They have to persuade **the opposition party to pass the bill.**

그들은 법안을 통과시키기 위해 야당을 설득해야 한다.

20　policy [páləsi]　n. 정책, 방침

As a prime minister, he can set economic policy.

그는 총리로서 경제 정책을 수립할 수 있다.

21 principle [prínsəpl] n. 원리, 원칙

He insists that this incident violates the principle of
political neutrality.

그는 이번 사건은 정치적 중립성의 원칙을 위배하는 것이라 주장한다.

22 protest [prətést, próutest] v. 항의하다, 주장하다 n. 항의

She accepted the charge without any protest.

그녀는 아무런 이의 없이 그 비난을 받아들였다.

23 representative [rèprizentəitiv] a. 대표적인, 전형적인 n. 대표자, 대리인

The Congress is representative of the people.

의회는 국민을 대표한다.

24 rule [rú:l] v. 규정하다, 판결하다 n. 규칙, 지배

The court ruled that laws passed by the assembly
remained valid.

법원은 의회에서 통과된 법안이 아직 유효하다고 판결했다.

25 senate [sénət] n. 상원, 의회

Her election to the Senate was welcome news.

그녀가 상원의원에 당선되었다는 것은 기쁜 소식이었다.

26 state [steit] n. 국가, 정부 v. 진술하다

State agencies must apologize for their mistakes.

국가 기관은 자신의 잘못에 대해 사과를 해야 한다.

27 summit [sʌ́mit] n. 정상, 수뇌부

Security was reinforced before the summit meeting.

정상 회의에 앞서 경비가 강화되었다.

28 unify [júːnəfài] v. 통합하다

He is seeking the way to unify the conservative party.

그는 보수당을 통합할 길을 모색하고 있다.

29 royal [rɔ́iəl] a. 왕족의 n. 왕족

The royals have always been good patrons of charities.

왕족은 언제나 자선 단체들의 좋은 후원자였다.

30 vote [vóut] n. 투표, 표결 v. 투표하다

He walked to the polling center to cast his vote.

그는 투표하기 위해 투표소로 걸어 들어갔다.

Lesson 2
Economy
| 경제

01 **asset** [ǽset] n. 자산, 재산

His leadership was the greatest asset of the company.

그의 리더십이 회사의 가장 큰 자산이었다.

02 **assign** [əsáin] v. 할당하다, 배당하다

She has to assign a portion of the commission to the broker.

그녀는 수수료의 일부를 중개업자에게 배당해야 한다.

03 **annual** [ǽnjuəl] v. 일년의, 일년마다의

The annual sales of the electronic piano is about 5 million dollars.

전자 피아노 판매 시장은 매년 5백만 달러 정도이다.

04 **budget** [bʌ́dʒit] n. 예산, 경비

She approved of cutting budget to buy food.

그녀는 식료품 구입 예산 삭감을 승인하였다.

05 **consume** [kənsú:m] v. 소비하다, 소모하다

Some high-tech computers consume 30 percent less electricity.

몇몇 첨단 컴퓨터들은 전력을 30퍼센트 적게 소모한다.

06 contract [kántrækt] n. 계약, 약정 v. 계약하다, 약정하다

The company won a contract to work on a tall building.

회사가 한 고층 빌딩 건설 계약을 따냈다.

07 credit [krédit] n. 신용, 신망

They couldn't get credit to buy machines.

그들은 기계를 구입할만한 신용을 얻지 못했다.

08 debt [dét] n. 빚, 부채

She is still paying off her debts.

그녀는 아직도 빚을 갚고 있다.

09 deflation [difléiʃən] n. 통화 수축, 디플레이션

Deflation is beginning to take place in that country.

디플레이션이 그 나라에서 발생하기 시작했다.

10 deposit [dipázit] v. 두다, 예금하다

It is advised to deposit cash in the safe.

현금을 금고에 보관하기를 권한다.

11 develop [divéləp] v. 발전시키다, 개발하다

It is hard to predict how the market will develop.

시장이 어떻게 발전할 것인지 예측하긴 어렵다.

12 economy [ikánəmi] n. 경제, 경기 a. 값싼, 경제적인

The Korean economy **grew more than 5 percent.**

한국 경제가 5퍼센트 이상 성장하였다.

13 employ [implói, em-] v. 고용하다, 사용하다

More than 200 local workers are employed **in this manufacturing business.**

제조업 분야에서 200명 이상의 지방 노동자들이 고용될 것이다.

14 fail [féil] v. 실패하다, 실수하다

He failed **to increase profits for the company.**

그는 회사의 이익 증가에 실패했다.

15 fire [fáiər] v. 해고하다

If she fails this time, she will get fired.

그녀가 이번에도 실패한다면 해고될 것이다.

16   finance [finǽns, fáinæns] n. 재정, 금융

A crisis in the finance could confront the country.

그 나라에 금융 위기가 닥칠 수 있었다.

17   inflation [infléiʃən] n. 통화 팽창, 인플레이션

Zimbabwe's inflation now exceeds 160,000 percent a year.

짐바브웨의 인플레이션은 이제 한해 160,000퍼센트를 초과한다.

18   negotiate [nigóuʃièit, -si-] v. 협상하다, 교섭하다

They negotiate only with Toyota for the contract.

그들은 오직 도요타사와만 계약을 협상한다.

19   net [nét] a. 에누리 없는, 최종의

In the first half of this year, its net profit rose 20 percent.

올해 상반기, 순이익이 20퍼센트 증가하였다.

20   potential [pətenʃəl] a. 잠재적인, 가능한

China shows potential market growth.

중국이 시장 성장의 잠재력을 보여주고 있다.

21 profit [práfit] n. 이익, 수익

The operating profit gained 15 percent over the previous quarter.

전 분기 대비 영업 이익이 15퍼센트 증가하였다.

22 purchase [pə́:rtʃəs] v. 사다, 구입하다 n. 구입

The manager refunded the purchase price to the customer.

지배인이 구입 대금을 고객에게 환불해 주었다.

23 statistic [stətístik] n. 통계치, 통계량

This one statistic does not mean that the company would go bankrupt.

이 통계치 하나가 그 회사의 파산을 의미하는 것은 아니다.

24 succeed [səksí:d] v. 성공하다, 출세하다

They succeeded in expanding their market share.

그들은 시장 점유율을 높이는데 성공하였다.

25 temporary [témpərèri] a. 일시의, 임시의

If the bill passed, it wouldn't allow firms to hire temporary workers.

법안이 통과되면 기업들이 비정규직 근로자를 고용할 수 없게 된다.

26 unable [ʌnéibl] a. 할 수 없는, 자격이 없는

She wants to work, but she is unable to.

그녀는 일하고 싶지만, 그럴 수가 없다.

27 uncertain [ʌnsə́ːrtn] a. 불명확한, 분명치 않은

The uncertain economic outlook has pushed consumers to spend less money.

불확실한 경기 전망으로 소비자들의 지출이 줄고 있다.

28 unexpected [ʌnikspéktid] a. 예기치 않은, 뜻밖의

You need some extra money for unexpected expenses.

예기치 않은 지출에 대비해 여분의 돈이 필요하다.

29 valid [vǽlid] a. 확실한, 유효한

This contract is valid for a year.

이 계약은 일년 동안 유효하다.

30 wanting [wɑ́ntiŋ, wɔ́ːnt-] a. 모자라는, 미달인

He is wanting in negotiation skill.

그는 협상 기술이 모자란다.

Lesson 3
Industry
| 산업

01 agriculture [ǽgrikʌltʃər] n. 농업, 농학

Agriculture **experts say market opening is inevitable.**

농업 전문가들은 시장 개방이 불가피하다고 말한다.

02 burden [bə́:rdn] n. 짐, 부담 v. ~에게 짐을 지우다

The developing countries bear the burden **of an enormous foreign debt.**

개발도상국들은 어마어마한 양의 외채를 지니고 있다.

03 compel [kəmpél] v. 강제하다, 억지로 ~시키다

He was compelled **to resign from the presidency.**

그는 회장직에서 강제로 물러났다.

04 constant [kánstənt, kɔ́n-] a. 변치 않는, 끊임 없는

To make the no.1 product, the constant **desire for improvement is needed.**

1등 제품을 만들기 위해서는, 개선에 대한 끊임 없는 욕구가 필요하다.

05 crop [kráp, krɔ́p] n. 수확, 농작물

The rice crops **of the year is estimated to be below the average.**

올해의 쌀 수확은 평년 이하라고 추정된다.

06 estimate [éstəmət, -mèit] v. 어림잡다, 추정하다 v. 견적, 평가

Economists estimate **that the oil production will decrease 20 percent.**

경제학자들은 석유 생산량이 20퍼센트 줄어들 것으로 추정한다.

07 export [ikspɔ́:rt] v. 수출하다 n. 수출

To overcome economic crisis, they must export **more.**

경제 위기를 극복하기 위해서, 그들은 더 많이 수출해야 한다.

08 expense [ikspéns] n. 소비, 지출, 비용, 경비

It's too much of an expense **to construct a plant.**

공장을 지으려면 너무 많은 비용이 든다.

09 harvest [há:rvist] n. 수확, 추수

Many farmers are refusing to harvest **the potato.**

많은 농부들이 감자 수확을 거부하고 있다.

10 hence [héns] ad. 그러므로, 따라서, 지금부터

Hence, **the ship was the largest merchant ship in China.**

따라서, 그 배가 중국에서 가장 커다란 무역선이었다.

11   high-tech [haiték] a. 첨단 산업의

A high-tech **industrial complex has been established in Atlanta.**

애틀란타에 첨단 산업단지가 조성되었다.

12   import [impɔ́ːrt] v. 수입하다, 가져오다 n. 수입

Last month the government slashed import **duties on cars.**

지난 달 정부는 자동차에 대한 수입 관세를 철폐하였다.

13   improve [imprúːv] v. 개량하다, 개선하다

It is required to accept a new system to improve **the efficiency of its organization.**

조직의 효율성 개선을 위해 새로운 체계를 받아들이는 것이 필요하다.

14   labor [léibər] n. 노동, 근로 v. 노동하다

This city offers a large and skilled labor **pool.**

이 도시에는 많은 수의 숙련된 노동력이 있다.

15   machinery [məʃíːnəri] n. 기계류, 기계장치

Farmers import most of their machinery **and fertilizers.**

농부들은 대부분의 기계와 비료를 수입한다.

16 manufacture [mæ̀njufǽktʃər] v. 제조하다, 제품화하다 n. 제조, 제품

They have visited newly constructed manufacturing plant.

그들은 새로 건설된 제조 공장을 방문했다.

17 obtain [əbtéin] v. 얻다, 획득하다

She was trying to obtain necessary information.

그녀는 필요한 정보를 얻으려 노력하고 있었다.

18 offer [ɔ́:fər, á-] n. 제의, 제안 v. 제공하다, 제출하다

She got a job offer from an American company.

그녀는 한 미국 회사로부터 일자리를 제안받았다.

19 organization [ɔ̀:rgənizéiʃən] n. 조직, 구성

The international labor organization was founded in 1919.

국제 노동 기구는 1919년에 설립되었다.

20 plant [plǽnt] n. 공장, 제조공장

This plant produces 40 percent of the country's laptops.

이 공장에서 생산되는 노트북은 국내 전체의 40퍼센트를 차지한다.

21 **proportion** [prəpɔ́ːrʃən] n. 비율, 균형, 크기

A large proportion **of small firms are actually deemed nonviable.**

소기업의 다수가 생존 가능성이 없는 것으로 보인다.

22 **risk** [rísk] n. 위험, 모험

There is a small risk **of losing money when trading.**

거래 시 돈을 잃게 될 위험이 조금 있다.

23 **sake** [séik] n. 동기, 이익

For safety sake, **you must wear a safety hat.**

안전상, 안전모를 반드시 착용해야 합니다.

24 **steady** [stédi] a. 고정된, 확고한

They don't have a steady **income.**

그들은 고정된 수입이 없다.

25 **structure** [strʌ́ktʃər] n. 구조, 구성, 건물

The chemical structure **of this product is very stable.**

이 제품의 화학적 구조는 매우 안정적이다.

26 sufficient [səfíʃənt] a. 충분한, 족한

The current oil stock is sufficient to sustain toy production for 2 years.

현재 석유 재고로 2년간 장난감 생산을 유지하기에 충분하다.

27 swell [swél] v. 부풀다, 팽창하다 n. 팽창, 증대

The size of the cosmetic market will swell to 20 billion dollar this year.

화장품이 시장은 올해 200억 달러 규모로 팽창할 것이다.

28 value [vǽljuː] n. 가치, 평가 v. 평가하다

His car has a cash value of seven thousand dollars.

그의 자동차는 현금 7천 달러 정도의 가치가 있다.

29 yield [jíːld] v. 산출하다, 가져오다 n. 산출

It yielded at least a profit of one billion dollars.

그것은 적어도 10억 달러의 이득을 창출하였다.

30 work force [wə́ːrk fɔ́ːrs] n. 노동력

There is a town where half of the work force is unemployed.

마을 노동력의 절반이 비고용 상태인 곳이 있다.

C heck up

A 다음 영어 단어의 우리말 뜻을 쓰시오.

1 administer _____   2 argue _____

3 justice _____   4 policy _____

5 contract _____   6 debt _____

B 다음 우리말 뜻에 해당하는 영어 단어를 쓰시오.

7 경제 _____   8 협상하다 _____

9 예기치 않은 _____   10 추정하다 _____

C 빈칸에 우리말 뜻에 해당하는 영어 단어를 쓰시오.

11 His car has a cash _____ (가치) of seven thousand dollars.

12 They _____ (성공하다) in expanding their market share.

D 다음 뜻에 해당하는 영어 단어를 보기에서 찾아 쓰시오.

structure	manufacture	agriculture

13 farming or growing of crops. _____

14 the manner in which a thing is formed or organization.

_____

153

15 **to make or produce by hand or machine.** _____

E. 영어와 그에 해당하는 우리말 뜻을 알맞게 연결하시오.

16 proportion •　　　　　　• 임시의

17 obtain •　　　　　　• 얻다

18 harvest •　　　　　　• 자유주의의

19 temporary •　　　　　　• 수확

20 liberal •　　　　　　• 비율

Part 6

Science & Technology

[과학과 기술]

Lesson 1
Science &
Technology
|과학과 기술

01 accomplish [əkάmpliʃ, əkΛm-] v. 이루다, 완성하다

His curiosity and enthusiasm led him to accomplish many scientific achievements.

그의 호기심과 열정 덕에 많은 과학적 성과를 달성할 수 있었다.

02 achieve [ətʃíːv] v. 달성하다, 완수하다, 이루다

You can achieve everything you want if you work hard.

열심히 일하면 네가 원하는 모든 것을 이룰 수 있다.

03 actual [ǽktʃuəl] a. 현실의, 실제의

The actual performance of this copy machine doesn't meet consumers' needs.

이 복사기의 실제 성능은 고객의 요구를 충족시키지 못한다.

04 adapt [ədǽpt] v. 적응시키다, 개조하다

They adapted this car to meet real tough conditions.

그들은 이 자동차를 정말 혹독한 환경에 적응시켰다.

05 advantage [ædvǽntidʒ] n. 이익, 이점

They have some technological advantages in this field.

그들은 이 분야에서 몇 가지 기술적 이점을 안고 있다.

06 analyze [ǽnəlàiz] v. 분석하다

They worked out a technique to analyze data.

그들은 자료를 분석하는 기술을 개발하였다.

07 apparent [əpǽrənt, əpɛ́ər-] a. 명확한, 뚜렷한

We found apparent differences between a molecule and an atom.

우리는 분자와 원자의 뚜렷한 차이점들을 발견했다.

08 atom [ǽtəm] n. 원자

An amino acid consists of a carbon atom bound to four groups.

아미노산은 네 개의 그룹으로 묶여 있는 하나의 탄소 원자로 이루어져 있다.

09 attempt [ətémpt] v. 시도하다, 꾀하다 n. 시도

He made many experiments in an attempt to gather reliable data.

그는 믿을 수 있는 자료를 얻으려고 많은 실험을 했다.

10 calculate [kǽlkjulèit] v. 계산하다, 산정하다

They calculated where the meteor would pass.

그들은 운석이 어디로 지나갈 것인지 계산했다.

11 combine [kəmbáin] v. 결합하다, 협력하다

Hydrogen and oxygen combine to form water.

수소와 산소가 결합하여 물을 만든다.

12 considerable [kənsídərəbl] a. 중요한, 고려해야 할, 상당한

Nanotechnology is seen as having considerable potential.

나노 기술은 고려할만한 잠재력을 갖고 있는 것으로 여겨지고 있다.

13 dare [dɛ́ər] v. 감히 ~하다

How dare scientists challenge God's dignity?

어떻게 감히 과학자들이 신의 권위에 도전하는가?

14 devise [diváiz] v. 궁리하다, 고안하다

They devised a new technology to extract the ore.

그들은 광석을 추출하는 새로운 기술을 고안하였다.

15 efficient [ifíʃənt] a. 능률적인, 효과적인

They invented a very efficient way to generate electricity.

그들은 전기를 생산하는 매우 효율적인 방법을 발명했다.

16 element [éləmənt] n. 요소, 원소

Health is the essential element **for happiness.**

건강은 행복의 필수불가결한 요소이다.

17 engineering [èndʒiníəriŋ] n. 공학, 기술

They both studied engineering **in university.**

그들은 둘 다 대학에서 공학을 공부했다.

18 experimental [ikspèrəméntl] a. 실험의, 실험용의

It's still in the experimental **stages.**

그것은 아직 실험단계에 있다.

19 gene [dʒíːn] n. 유전자

Scientist are trying to decode the structure of human genes.

과학자들은 인간 유전자의 구조를 해독하려 하고 있다.

20 innovation [ìnəvéiʃən] n. 혁신, 쇄신

The theme of the convention was technological innovation.

회의의 주제는 기술 혁신이었다.

21 invention [invénʃən] n. 발명, 고안, 발명품

They demonstrated the new invention to us.

그들은 새로운 발명품을 우리에게 시연해 보였다.

22 involve [inválv] v. 연루하다, 포함하다

He was involved in a team that tests new products.

그는 신 제품을 시험하는 팀에 소속되어 있다.

23 nevertheless [nèvərðəlés] ad. 그럼에도 불구하고, 그렇지만

Nevertheless, that new technology can't slow down global warming.

그럼에도 불구하고, 그 새로운 기술이 지구 온난화를 늦출 수는 없다.

24 occasion [əkéiʒən] n. 경우, 기회

She had no occasion to show her new invention to the public.

그녀는 자신의 새로운 발명품을 대중 앞에 선보일 기회를 얻지 못했다.

25 reflect [riflékt] v. 반사하다, 반영하다

The survey reflects consumers' various demands for new technology.

그 설문조사는 소비자들의 신기술에 대한 다양한 욕구를 반영해 준다.

26 research [risəːrtʃ, riːsəːrtʃ] v. 연구하다, 조사하다 n. 연구, 조사

He interestedly read the new research on DNA.

그는 DNA에 대한 새로운 연구를 흥미롭게 읽었다.

27 resolve [rizálv] v. 분해하다, 분석하다, 결심하다

They finally resolved the secret of black holes.

그들은 마침내 블랙 홀의 비밀을 분석하였다.

28 slight [sláit] a. 약간의, 적은

I have a slight pain in my right arm.

내 오른 팔이 살살 아프다.

29 splendid [spléndid] a. 빛나는, 훌륭한

The splendid National Monument was elected in memory of the country's founders.

그 멋진 국립기념비는 그 나라의 시조들을 기려 세운 것이다.

30 substance [sʌ́bstəns] n. 물질, 물체

Using this technology, they can break down a substance into its components.

이 기술을 사용하면, 그들은 물질을 그 구성 성분으로 분해할 수 있다.

Lesson 2
Computer
| 컴퓨터

01 access [ǽkses] n. 접속, 접근

Access to this computer is restricted to a few people.

이 컴퓨터의 접속 권한은 몇 사람에게로만 제한되어 있다.

02 attach [ətǽtʃ] v. 붙이다, 첨부하다

Just attach this chip then you can use wireless Internet.

이 칩을 부착하면 무선 인터넷을 사용할 수 있다.

03 avoid [əvɔ́id] v. 피하다, 회피하다

He disconnected the connect to avoid being traced.

그는 추적당하는 것을 피하기 위해 접속을 종료했다.

04 boot [búːt] n. 컴퓨터를 켜다

To boot your computer in safe mode, you have to press the F8 key.

안전모드로 컴퓨터를 켜려면 F8 키를 눌러야 한다.

05 code [kóud] n. 코드, 부호, 신호

Computer programmers can read computer source codes

컴퓨터 프로그래머들은 컴퓨터의 원본 부호를 읽을 수 있다.

06 compute [kəmpjúːt] v. 계산하다, 산정하다, 컴퓨터를 사용하다

The scientists computed **the distance of Mars from the earth.**

과학자들은 지구와 화성 사이의 거리를 계산했다.

07 connect [kənékt] v. 잇다, 연결하다

You can connect **the laptop to your speaker.**

노트북을 스피커에 연결할 수 있다.

08 delete [dilíːt] v. 삭제하다, 지우다

He also deleted **personal files from the computer.**

그는 또한 컴퓨터에서 개인 신상파일을 삭제했다.

09 drag [drǽg] v. 드래그하다

You can do a lot of things by dragging **the mouse.**

마우스를 드래그하면 많은 일들을 할 수 있다.

10 dual [djúːəl] a. 둘의, 이중의

If you purchase a dual **screen computer system, you can finish your work faster.**

두 개의 화면이 달린 컴퓨터 시스템을 구매하면 일을 더 빨리 끝낼 수 있다.

11 error [érər] n. 오류, 하자

An error has been occurred in your computer.

당신의 컴퓨터에서 오류가 발생하였습니다.

12 expensive [ikspénsiv] a. 돈이 드는, 값비싼

Domestic computer parts are more expensive than imported ones.

국산 컴퓨터 부품이 수입산보다 더 비싸다.

13 function [fʌ́ŋkʃən] n. 기능, 효용

This technology uses brain signals to control computer functions.

이 기술은 뇌파를 사용해 컴퓨터 기능을 조정한다.

14 load [lóud] n. 짐, 부담 v. 싣다, 〈컴퓨터〉로드하다

Most computer processes need loading time.

대부분의 컴퓨터 처리 과정에는 로딩 시간이 필요하다.

15 memory [mémǝri] n. 메모리

The prices of NAND memory will come down.

낸드 메모리의 가격이 하락할 것이다.

16   messenger [mésəndʒər]   n. 메신저

Many people use messenger to communicate with their friends.

많은 사람들이 친구들과 대화할 때 메신저를 사용한다.

17   mode [móud]   n. 양식, 방식

If you have trouble with your computer, restart it with safe mode.

컴퓨터에 문제가 생기면, 안전 모드로 재시작하라.

18   monitor [mάnətər]   n. 모니터

The price of the monitor depends on its size.

모니터의 가격은 그 크기에 달려있다.

19   operate [ápərèit]   v. 작동하다, 움직이다

He is proficient at operating a computer.

그는 컴퓨터 조작에 능하다.

20   password [pǽswə̀ːrd, páːs-]   n. 암호

The security system won't permit any access without the password.

이 보안 시스템은 암호 없이는 어떠한 접근도 허락하지 않을 것이다.

21 **progress** [prágrəs, -res] n. 전진, 진보 v. 전진하다, 진보하다

The progress of science has changed our mode of living.

과학의 진보는 우리들의 생활양식을 바꾸어 놓았다.

22 **repair** [ripέər] v. 수리하다, 회복하다 n. 수선, 수리

Purchasing a new one would be better than repairing a broken computer.

고장 난 컴퓨터를 고치느니 새 것을 하나 사는 것이 낫다.

23 **replace** [ripléis] v. 되돌리다, 대신하다

Almost every typewriter had been replaced by computer.

거의 모든 타자기가 컴퓨터로 대체되었다.

24 **reply** [riplái] v. 대답하다

They replied to my questions via e-mail.

그들은 내 질문에 대해 이 메일로 대답을 보내줬다.

25 **safe** [séif] a. 안전한, 위험이 없는

Not allowing others to use your computer is the best safe way to protect your information.

아무도 당신의 컴퓨터를 조작하지 못하게 하는 것이 정보를 보호하는 가장 안전한 길이다.

26   save [séiv] v. 구하다, 저장하다

You should save a copy of the agreement on your computer right away.

사용권 계약 복사본을 컴퓨터에 즉시 저장해두어야 한다.

27   usage [júːsidʒ, -zidʒ] n. 용법, 사용법

Some companies are monitoring employees' computer usage.

몇몇 회사들은 직원의 컴퓨터 사용을 감시하고 있다.

28   vanish [vǽniʃ] v. 사라지다

I didn't do anything, but the file I saved on my computer vanished completely.

난 아무것도 하지 않았는데, 컴퓨터에 저장해 놓은 파일이 완전히 사라졌다.

29   Web [wéb] n. 웹

Shopping and banking on the web are new to me.

웹에서의 쇼핑과 인터넷 뱅킹은 나에게는 새롭다.

30   well-known [wélnóun] a. 유명한, 잘 알려진

He is one of the most well-known programmer in the world.

그는 세계에서 가장 유명한 프로그래머 중의 한명이다.

Lesson 3
Communication
|통신

01 artificial [ɑ̀ːrtəfíʃəl] a. 인공의, 인조의

He is the scientist in the field of artificial inteligence.

그는 인공지능 분야의 과학자이다.

02 awkward [ɔ́ːkwərd] a. 서투른, 어색한

It's awkward expressing my feelings via e-mail.

이메일을 통한 감정 표현은 어색하다.

03 backward [bǽkwərd] ad. 후방에, 역행하여

That country is considered technologically backwards because it doesn't have internet access at all.

인터넷이 전혀 접속이 되지 않기 때문에, 그 나라는 기술적으로 후방에 있다고 고려된다.

04 characteristic [kæ̀riktərístik] a. 독자적인, 특유의 n. 특징, 특색

He invented a characteristic communication method.

그는 독자적인 통신 방법을 고안해 냈다.

05 contact [kántækt] n. 접촉, 연락

The control tower has lost contact with the plane.

관제탑과 비행기와의 교신이 끊겼다.

06 determine [ditə́ːrmin] v. 결심하다, 결정하다

The government is determined **to bring in private investment to bolster the communication industry.**

정부는 통신 산업을 지지하는 개인 투자를 가져 오기로 결정했다.

07 discover [diskʌ́vər] v. 발견하다, 깨닫다

The information was only discovered **incidentally.**

그 정보는 그저 우연히 발견된 것이었다.

08 double [dʌ́bl] a. 두 배의, 갑절의 ad. 두 배로

The mobile phone market is doubled **this year.**

올해 휴대폰 시장이 두 배 성장하였다.

09 dove [dʌ́v] n. 비둘기

The dove **has been treated as the representative messenger.**

비둘기는 대표적인 메신저로 취급되어 왔다.

10 electronic [ilèktránik] a. 전자의

They spent a lot of money to develop electronic **communication equipments.**

그들은 전자 통신 설비를 개발하는데 많은 돈을 사용했다.

11 **entertain** [èntərtéin] v. 대접하다, 환대하다, 즐겁게 하다

I have a lot of occasions to entertain foreign guests as part of my work.

나는 업무상 외국인 손님을 접대할 일이 많다.

12 **fast** [fǽst, fάːst] a. 빠른, 고속의

Telegraph line allowed fast communication between cities.

전보로 인해 도시간 고속 통신이 가능해졌다.

13 **fax** [fǽks] n. 팩스 v. 팩스로 보내다

She sent the fax that the original copy has been lost.

그녀가 원본이 사라졌다고 팩스로 알려줬다.

14 **function** [fʌ́ŋkʃən] n. 기능, 직무 v. 작동하다

What functions can this program perform?

이 프로그램이 수행할 수 있는 기능은 무엇입니까?

15 **helper** [hélpər] n. 조력자, 조수

He has been working as a helper installing communication cables.

그는 통신 케이블 설치업자의 조수로 일해왔다.

16 **hurried** [hə́ːrid, hʌ́rid] a. 매우 급한, 허둥대는

She was taking a hurried shower.

그녀는 서둘러 샤워를 하고 있었다.

17 **identify** [aidéntəfài, id-] v. 확인하다, 감정하다

This mobile phone can identify its owner.

이 휴대폰은 소유자를 확인할 수 있다.

18 **mobile** [móubəl, -biːl] a. 이동할 수 있는, 모바일

Three billion people have mobile phones.

30억 명의 사람이 휴대폰을 갖고 있다.

19 **paper** [péipər] n. 종이, 신문

All the ones in the paper are so vague and general that they're worthless.

신문에 실리는 것들은 다 너무 애매모호하고 일반적인 것들 이어서 쓸모가 없어.

20 **portable** [pɔ́ːrtəbl] a. 휴대용의

Nowadays, you can see many portable devices all around.

요즘엔, 주위에서 많은 휴대용 장치들을 볼 수 있다.

21 **proper** [prápər] a. 적당한, 타당한

An intervention of the government to the communication market is not proper.

통신 시장으로의 정부 개입은 적절치 않다.

22 **receive** [risí:v] v. 받다, 수령하다

They receive ten or fewer e-mail messages each day.

그들은 매일 10통 이하의 이메일을 받는다.

23 **riddle** [rídl] n. 수수께끼

It was a riddle whether the Internet business would succeed.

인터넷 사업이 성공할 것인지 여부는 수수께끼였다.

24 **standard** [stǽndərd] n. 수준, 기준, 규범, 표준 단위 a. 표준의, 기준의

North Korea's living standard lags far behind South Korea's.

북한의 생활 수준은 남한보다 훨씬 뒤떨어져 있다

25 **service** [sə́:rvis] n. 봉사, 서비스

The biggest Internet service provider in the country is bankrupt.

국내 최대의 인터넷 제공업체가 파산했다.

26 sound [sáund] n. 소리, 음향

You can download sound files and save them on your mobile phone.

음향 파일을 다운받아 휴대폰에 저장할 수 있다.

27 spot [spát] n. 지점, 장소

Transmitting towers will be constructed in several spots.

송신탑이 몇 군데에 건설될 것이다.

28 staple [stéipl] a. 중요한, 대량 생산의

Cellular phone in one of the most staple communication devices among teenagears.

휴대폰은 10대들 사이에서 가장 중요한 의사소통 수단 중 하나이다.

29 supply [səplái] v. 공급하다, 지급하다 n. 공급

Massive amounts of information are being supplied by networking cable.

통신 케이블을 통해 막대한 양의 정보들이 공급된다.

30 type [táip] n. 모범, 유형

There are various types of communication methods.

다양한 유형의 통신 수단들이 있다.

A 다음 단어에 해당하는 우리말 뜻을 쓰시오.

1 achieve _____ 2 calculate _____

3 dare _____ 4 connect _____

5 progress _____ 6 receive _____

B 다음 우리말 뜻에 해당하는 영어 단어를 쓰시오.

7 완성하다 _____ 8 컴퓨터를 켜다 _____

9 작동하다 _____ 10 용법 _____

11 인공의 _____ 12 서투른, 어색한 _____

C 다음 단어와 비슷한 뜻을 가진 단어를 보기에서 골라 쓰시오.

substance	discover	staple	attach

13 important _____ 14 material _____

15 affix _____ 16 find out _____

D 다음 뜻에 해당하는 단어를 보기에서 골라 쓰시오.

reflect	innovation	replace	portable

17 a new thing or a new method of doing something _____

18 to see its image in the mirror or in the water _____

19 get a new one to use instead _____

20 to be designed to be easily carried or moved _____

Part 7

Education

[교육]

School 학교 | **Studies** 공부

Lesson 1

School

|학교

01 **allow** [əláu] v. 허락하다, 허가하다

He allowed me to attend his class.

그가 수업에 참석해도 좋다고 허락해 주었다.

02 **aptitude** [ǽpətùːd, -tətjùːd] n. 경향, 습성, 소질, 적성, 재능

She really had an aptitude in this field.

그녀는 이 분야에 정말 재능이 있었다.

03 **attend** [əténd] v. 출석하다, 참여하다

Whoever has not attended this class more than 5 times will be failed.

이 수업을 5회 이상 출석하지 않은 사람은 누구나 낙제할 것이다.

04 **attitude** [ǽtitʃùːd] n. 태도, 마음가짐

Keep a positive attitude in your life, it will make you happier.

긍정적인 태도를 갖고 생활하면, 더욱 행복해질 것이다.

05 **award** [əwɔ́ːrd] v. 수여하다, 지급하다 n. 상

That prize is awarded to the best student.

그 상품은 가장 우수한 학생에게 돌아갔다.

06 biography [baiɑ́grəfi, bi-] n. 전기, 일대기

We already have learned about the biography of her.

우리는 그녀에 대한 전기를 이미 배웠다.

07 brilliant [bríljənt] a. 훌륭한, 명석한

A brilliant idea flashed into his mind.

그에게 문득 멋진 아이디어가 떠올랐다.

08 chosen [tʃóuzn] a. 선택한, 정선된

Some of them have chosen chemistry as their major.

그들 중 몇 명은 화학을 전공으로 선택했다.

09 college [kɑ́lidʒ, kɔ́l-] n. 단과대학, 대학

Nearly 600,000 students take the national college entrance exam every year.

매년 거의 60만 명의 학생들이 대입 시험을 치른다.

10 discipline [dísəplin] n. 훈련, 규율

Discipline that is too strict will harm children.

규율이 너무 엄하면 아이에게 해가 된다.

11 duty [djúːti] n. 의무, 본분

Doctors have a duty to keep patients' secrets.

의사는 환자의 비밀을 보호할 의무가 있다.

12 equal [íːkwəl] a. 같은, 동등한

One kilometer is equal to 1,000 meters.

1킬로미터는 1,000미터와 같다.

13 enroll [inróul, en-] v. 등록하다

So many students enrolled in that class.

매우 많은 학생들이 그 수업에 등록하였다.

14 establish [istǽbliʃ, es-] v. 확립하다, 설치하다

A famous private school plans to establish its local campus.

한 유명 사립 학교는 지방 캠퍼스를 설립하기로 계획을 세웠다.

15 grade [gréid] n. 등급, 계급, 성적, 학년

Some teachers gave only 1 percent of their students the top grade.

어떤 교사들은 단지 1퍼센트의 학생들에게만 최고 점수를 주었다.

16 instruct [instrʌ́kt] v. 가르치다, 교육하다

It is the first school to allow parents to instruct job education.

이 학교가 부모들에게 직접 직업 교육을 하도록 허용한 첫 번째 학교이다.

17 junior [dʒúːnjər] a. 연하의, 후배의 n. 연소자

He is my junior by two years.

그는 나보다 2년 후배이다.

18 knowledge [nálidʒ, nɔ́l-] n. 지식, 학문

Spreading scientific knowledge to the public is important.

대중에게 과학 지식을 널리 알리는 것은 중요하다.

19 lecture [léktʃər] n. 강의, 강연

A lecture titled "Korean History Seen From an American" will be held.

"한 미국인이 본 한국의 역사"라는 제목으로 강연이 열릴 것이다.

20 nod [nád] v. 끄덕이다, 승낙하다

He nodded to show that he agreed with us.

그가 우리와 동의한다는 것을 고개를 끄덕여 알려주었다.

21 principal [prínsəpəl] a. 주요한 n. 교장

A principal cause of her failure was the lack of concentration.

그녀가 실패한 주요한 원인은 집중력의 부족이었다.

22 private [práivət] a. 사적인, 개인의

Private universities agreed among themselves to raise registration fees again.

사립 대학들이 또다시 등록금을 올리기로 합의하였다.

23 professor [prəfésər] n. 교수

Previously, she served as a law professor in this university.

전에, 그녀는 이 대학에서 법학과 교수로 재직했었다.

24 pupil [pjúːpəl] n. 학생, 제자

He called on a pupil for an answer.

그가 한 학생에게 답을 요구했다.

25 purpose [pə́ːrpəs] n. 목적, 용도

The main purpose of this research is to define a clear relationship between them.

이 연구의 주된 목적은 그것들 사이의 명확한 관계를 알아내는 것이다.

26 scholar [skɑ́lər, skɔ́lə-] n. 학자, 장학생

To be a linguistic scholar she decided to go on to graduate school.

언어학자가 되기 위해 그녀는 대학원에 진학하기로 결심했다.

27 submit [səbmít] v. 복종시키다, 제출하다

All term papers must be submitted by next week.

모든 리포트는 다음주까지 제출되어야 한다.

28 tuition [tjuːíʃən] n. 수업료

Full tuition and living expenses are covered when you get a scholarship.

장학생이 되면 모든 학비와 생활비가 면제된다.

29 theory [θíːəri, θíə-] n. 학설, 이론

In the theory, their hypothesis makes sense.

이론적으로는, 그들의 가설이 그럴 듯 하다.

30 usual [júːʒuəl, -ʒwəl] a. 보통의, 일상의

I didn't think it was usual for you to absent school.

네가 학교에 결석하는 것은 흔한 일이 아닌데.

Lesson 2
Studies
| 공부

01 academy [əkǽdəmi] n. 학원, 전문학교

This science academy opens in March.

이 과학 학술원은 3월에 개장한다.

02 aim [ə́im] v. 겨냥하다, 목표하다

They aim to become famous ecologists.

그들은 유명한 생태학자가 되기로 목표했다.

03 approach [əpróutʃ] n. 접근, 실마리 v. ~에 다가가다

Her approach to getting a high score is studying overnight.

그녀가 고득점을 하는 비결은 밤새워 공부하는 것이다.

04 biology [baiálədʒi] n. 생물학, 생태학

If you want a better answer, try reading the biology textbook.

더 나은 해답을 알고 싶다면, 생물학 교과서를 읽어보아라.

05 chemistry [kémərtri] n. 화학

She got a perfect score in chemistry.

그녀는 화학 과목에서 만점을 받았다.

06   compare [kəmpέər] v. 비교하다, 대조하다

There is no way to compare which is the more efficient studying method.

어느 것이 더욱 효율적인 학습 방법인지 비교할 길이 없다.

07   comprehend [kàmprihénd] v. 이해하다, 파악하다

In order to better comprehend European history, this book is recommended.

유럽 역사에 대한 보다 깊은 이해를 위해, 이 책을 추천한다.

08   conclude [kənklúːd] v. 마치다, 결론을 내리다

It is too early to conclude that the answer is wrong.

그 답이 틀렸다고 단정하기에는 너무 이르다.

09   concentrate [kánsəntreit] v. 집중하다

I just haven't been able to concentrate very well on my school work.

나는 학교 공부에 제대로 집중할 수 없었다.

10   contrast [kántræst] n. 대조, 대비

In contrast, his school record has greatly increased.

이와는 대조적으로, 그의 학업 성적은 대단히 향상되었다.

11 convince [kənvíns] v. 납득시키다, 깨닫게 하다

Attempts to convince **them are futile without research results.**

연구 결과 없이 그들을 납득시키는 것은 쓸데없는 짓이다.

12 course [kɔ́ːrs] n. 진로, 교육과정

She took an economics course.

그녀는 경제학 강의를 수강했다.

13 explanation [èksplənéiʃən] n. 설명, 해설

She accepted his explanation **that he hasn't broken the rule.**

그녀는 그가 규칙을 어긴 것이 아니라는 해명을 받아 들였다.

14 define [difáin] v. 규정짓다, 정의를 내리다

Their job is to define **scientific terms.**

그들의 직업은 과학 용어를 정의하는 것이다.

15 describe [diskráib] v. 묘사하다, 기술하다

The book described **the writer's agony.**

이 책에는 작가의 갈등이 묘사되어 있다.

16 examine [igzǽmin] v. 시험하다, 조사하다

Student's belongings should be examined before they take a test.

시험을 치르기 전에 학생들의 소지품을 검사해야 한다.

17 goal [góul] n. 목적, 목표

Their main goal is to pass the entrance exam.

그들의 주된 목표는 입학 시험에 합격하는 것이다.

18 guess [ges] v. 추측하다, 추정하다

It is only a guess that he is married.

그가 유부남이라는 건 추측일 뿐이다.

19 insight [ínsàit] n. 통찰력, 간파

He is showing a high degree of insight into the future of science.

그는 과학의 미래에 대한 예리한 통찰력을 내비치었다.

20 Latin [lǽtən] a. 라틴어의, 라틴계의

He gave a presentation on his current research about Latin culture.

그는 현재 진행중인 라틴 문화에 대한 연구를 발표했다.

21　leap [liːp]　v. 뛰다, 도약하다

Leap down from the horizontal bar and stand in line.
철봉에서 내려와서 줄을 서라.

22　memorize [méməràiz]　v. 기억하다, 암기하다

Memorize a poem and read it in front of the class.
시 한편을 암기하고 급우들 앞에서 낭송하라.

23　outline [áutlàin]　n. 윤곽　v. 약술하다

Give an outline of Modernism.
모더니즘에 대해 약술하라.

24　prize [práiz]　n. 상품, 경품

The mathematic contest winners will be awarded various prizes.
수학 경시대회 입상자들에게는 다양한 상품이 수여될 것이다.

25　rapid [rǽpid]　a. 빠른, 신속한

He has made rapid progress in his school work.
그의 학업성적이 일취월장했다.

26 **refer** [rifə́:r] v. 보내다, 언급하다

Don't refer to the matter again.
그 일을 다시는 언급하지 말아라.

27 **regret** [rigrét] n. 유감, 후회 v. 후회하다

If you don't study now, you'll only regret it.
지금 공부하지 않으면, 나중에 후회만 남을 것이다.

28 **reveal** [riví:l] v. 드러내다, 밝히다

The result of the research revealed that the apple can be smaller.
그 연구 결과, 사과는 더 작아질 수 있다고 드러났다.

29 **struggle** [strʌ́gl] v. 투쟁하다, 애쓰다 n. 노력

Many students have been struggling to speak English fluently.
많은 학생들이 영어를 유창히 말하기 위해 애써왔다.

30 **summarize** [sʌ́məràiz] v. 요약하다

She wrote a summarized story of that novel on the black board.
그녀는 소설의 요약된 줄거리를 칠판에 적었다.

Check up

A 다음 영어 단어에 해당하는 우리말 뜻을 쓰시오.

1 attend _____ 2 brilliant _____

3 concentrate _____ 4 purpose _____

5 compare _____ 6 explanation _____

7 describe _____ 8 memorize _____

B 다음 우리말 뜻에 해당하는 영어 단어를 쓰시오.

9 확립하다 _____ 10 학자 _____

11 원칙 _____ 12 언급하다 _____

13 요약하다 _____ 14 생물학 _____

C 다음 중 영어 단어와 그 해석이 바르게 연결되지 않은 것을 고르시오.

15 ⓐ science - 과학 ⓑ P.E. - 체육

  ⓒ geography - 지리학 ⓓ chemistry - 생물

D 다음 문장에서 잘못된 부분을 찾아 고치시오.

16 Previously, she served as a law student in this university.
전에, 그녀는 이 대학에서 법학과 교수로 재직했었다.

E 빈칸에 우리말 뜻에 해당하는 영어를 쓰시오.

17 Doctors have a _____ (의무) to keep patients' secrets.

18 In _____ (이론), their hypothesis makes sense.

19 They _____ (목표하다) to become famous ecologist.

20 She took a _____ (교육과정) in economics.

Part 8

Universe & Earth

[우주와 지구]

Lesson 1
Space Science

|우주 과학

01 astronaut [ǽstrənɔ̀ːt, -nát] n. 우주 비행사

Lee So-yeon is the first Korean astronaut.

이소연은 우리나라 최초의 우주 비행사다.

02 astronomer [əstrάnəmər] n. 천문학자

The astronomer announced a new theory.

그 천문학자는 새로운 이론을 발표했다.

03 broad [brɔːd] a. 폭이 넓은, 총괄적인

The road in front of that building is very broad.

저 건물 앞에 있는 길은 매우 넓다.

04 comet [kάmit] n. 혜성

Have you ever seen a comet in your life?

넌 살면서 혜성 본 적이 있니?

05 compose [kəmpóuz] v. 작곡하다, 조직하다

I like the music that Beethoven composed.

난 베토벤이 작곡한 그 음악을 좋아한다.

06　**constellation** [kὰnstəléiʃən]　n. 별자리, 성좌

I'm interested in star constellations.

난 별자리에 관심이 있다.

07　**expand** [ikspǽnd]　v. 넓히다, 확장하다

It is clear that the univers is expanding.

우주가 팽창하고 있는 것은 분명하다.

08　**explore** [iksplɔ́ːr]　v. 탐험하다, 탐구하다

He has explored **many places for a long time.**

그는 오랫동안 많은 곳을 탐험해 왔다.

09　**galaxy** [gǽləksi]　n. 은하수, 은하계

A galaxy **consists of millions of stars.**

은하계는 수백 만개의 별들로 구성되어 있다.

10　**gravity** [grǽvəti]　n. 중력

Everything falls down to the ground because of gravity.

모든 것은 중력 때문에 땅에 떨어진다.

11 impact [ímpækt] v. 강한 영향을 주다 n. 충격, 격돌

The movie 'If Only' impacted my life.

영화 'If Only' 는 내 인생에 강한 영향을 주었다.

12 launch [lɔ́:ntʃ, lɑ́:ntʃ] v. 착수하다, 시작하다

A famous singer 'RAIN' launched his own fashion brand.

유명한 가수인 '비' 는 그만의 패션 브랜드를 시장에 내놓았다.

13 Mercury [mə́:rkjuri] n. 수은, 수성

Mercury is one of the planets we learned about.

수성은 우리가 배운 행성들 중에 하나이다.

14 mission [míʃən] n. 임무, 사명

Remember, you have to carry out your mission today.

명심해. 넌 오늘 너의 임무를 수행해야만 한다.

15 observer [əbzə́:rvər] n. 관찰자, 감시자

I couldn't get out of there because the observer kept following me.

감시자가 계속 나를 따라다녀서 그 곳을 빠져 나올 수 없었다.

16 orbit [ɔ́ːrbit] n. 궤도

The orbit of the earth and the orbit of that comet overlap each other.

지구의 궤도와 저 혜성의 궤도는 서로 겹친다.

17 planet [plǽnit] n. 행성

Did you see all the planets at the astronomy show?

넌 그 천문학 쇼에서 모든 행성들을 보았니?

18 predict [pridíkt] v. 예언하다, 예보하다

The weather forecast predicts that it'll be sunny this weekend.

일기 예보는 이번 주말에 날씨가 맑을 것이라고 예보했다.

19 quantity [kwɑ́ntəti] n. 양, 분량, 질량

They produce the items in large quantities.

그들은 대량으로 제품들을 생산한다.

20 satellite [sǽtəlàit] n. 인공위성

They put a satellite in orbit successfully.

그들을 성공적으로 인공위성을 궤도에 올려 놓았다.

21   separate [sépərèit] v. 분리하다, 떼어 놓다

I separated his yard from mine by building a fence.
난 담장을 지어서 그의 마당과 내 마당을 분리했다.

22   solar [sóulər] a. 태양의

We can save energy if we use the solar heating system in the right way.
우리가 태양열 난방 시스템을 잘 이용하면 우리는 에너지를 절약할 수 있다.

23   space station [spéis stèiʃən] n. 우주 정류장

You'll be able to plant flowers in the space station easily in the future.
미래에는 우주 정류장에 쉽게 꽃을 심을 수 있을 것이다.

24   system [sístəm] n. 체계

I'm interested in studying about the solar system.
난 태양계에 대해 공부 하는 게 좋다.

25   telescope [téləskòup] n. 망원경

I got a telescope for my birthday present last year.
작년에 생일 선물로 망원경을 받았다.

26 lunar [lú:nər] a. 달의, 태음의

Asian people tend to use a lunar calendar.

아시아 사람들은 음력 달력을 사용하는 경향이 있다.

27 plenty [plénti] a. 많은, 풍부한 n. 많음, 대량

I finished my homework with plenty of time left.

나는 시간을 넉넉하게 남겨두고 숙제를 끝냈다.

28 space [speis] n. 공간, 장소, 우주

We have enough space for the furniture.

우리는 그 가구에 대한 충분한 공간을 가지고 있다.

29 universe [jú:nəvəːrs] n. 우주, 은하계

Scientists have been studying about a new universe for a long time.

과학자들은 오랫동안 새로운 은하 우주에 대해 연구해오고 있다.

30 Venus [ví:nəs] n. (천문) 금성, (로마신화) 비너스

Venus is the planet right after the Earth from the sun.

금성은 태양으로부터 지구 바로 다음에 오는 행성이다.

Lesson 2

Earth

| 지구

01 Antarctica [æntá:rktikə] n. 남극 대륙

Many people try to find the unknown parts of Antarctica.

많은 사람들이 남극 대륙의 미지의 부분을 발견하려고 애쓰고 있다.

02 Arab [ǽrəb] a. 아랍의 n. 아랍 사람

He has an Arab friend as a pen-pal.

그는 펜팔 친구로 아랍인 친구가 한 명 있다.

03 Arctic [á:rktik, á:rtik] a. 북극의 n. 북극, 북극해

An arctic climate is related to the global climate.

북극 기후는 세계 기후와 연관이 있다.

04 Asian [éiʒən, -ʃən] a. 아시아의 n. 아시아 사람

Flowers are usually used as metaphors for Asian women.

꽃은 아시아 여성들의 은유로 많이 쓰인다.

05 Atlantic [ætlǽntik, ət-] a. 대서양의 n. 대서양

Sailing the Atlantic Ocean is my dream.

대서양을 항해하는 것은 내 꿈이다.

06   atmosphere [ǽtməsfiər] n. 대기, 공기, 분위기

I'm sure that we'll succeed in a nuclear test in the
atmosphere.

난 우리가 대기중 핵실험에 성공할 것이라고 확신한다.

07   brook [brúk] n. 시내, 개천

There are a lot of insects around the brook.

그 개천 주위에는 많은 곤충들이 있다.

08   channel [tʃǽnl] n. 운하, 해협, (통신) 채널

H&C Company decided to use the way through the
channel to trade with other countries.

H&C 회사는 다른 나라와 무역할 때 해협을 통한 길을 이용하기로 결정했다.

09   continent [kántənənt] n. 대륙

We have six continents in the world. Asia is one of them.

세계에는 6개의 대륙이 있다. 아시아는 그 중 하나이다.

10   creation [kri:éiʃən] n. 창조, 창조물

That is the most wonderful affair since the creation of the
world.

저건 개벽이래 가장 놀랄만한 사건이다.

11 daytime [déitàim] a. 낮의 n. 낮, 주간

I'm always busy in the daytime these days.

난 요즘 낮에 항상 바쁘다.

12 explode [iksplóud] v. 폭발하다, 격발하다

The jeep exploded because it drove over a landmine.

그 지프차는 지뢰밭을 달려서 폭발했다.

13 fable [féibl] n. 우화, 전설

Every fable teaches lessons to its readers.

모든 우화들은 독자들에게 교훈을 주고 있다.

14 globe [glóub] n. 구, (the~) 지구

Satellites send data all over the globe.

위성은 데이터를 지구 전역으로 보낸다.

15 horizon [həráizn] n. 지평선, 수평선

The ship sailed into the horizon and out of view.

그 배는 수평선으로 항해해 나가서 보이지 않았다.

16 host [hóust] v. (주인으로서) 접대하다 n. 주인

Daniel is the host **of this party today.**

Daniel이 오늘 이 파티의 주인이다.

17 incredible [inkrédəbl] a. 놀라운, 믿어지지 않는

I have something incredible **for you, so come to my house to get it.**

널 위한 놀라운 것이 있다, 그러니까 우리 집에 와.

18 Mexico [méksikòu] n. 멕시코

Mexico **is a fascinating country in my memory.**

멕시코는 내 기억 속에 매력적인 나라이다.

19 mysterious [mistíəriəs] a. 신비한, 불가사의한

There was a mysterious **incident in my house the day before yesterday.**

엊그제 우리 집에 불가사의한 일이 있었다.

20 nowhere [nóuʰwὲər] ad. 아무데도 ~ 없다 n. 어디인지 모르는 곳

It's pitiful to hear that there is nowhere **for her to go.**

그녀가 아무데도 갈 데가 없다는 것을 들으니 참 딱하다.

21 ocean [óuʃən] n. 대양, 해양

I'm going to go swimming in the ocean this summer.

난 이번 여름에 해수욕을 갈 것이다.

22 Pacific [pəsífik] a. 태평양의 n. 태평양

The Pacific Ocean separates Asia and North America.

태평양은 아시아와 북미를 구분 짓는다.

23 port [pɔ́ːrt] n. 항구, 항만

When will the ship enter a port?

그 배는 언제 입항할 거니?

24 rocky [rɑ́ki] a. 바위가 많은, 태연한, 무정한

The walkers were making slow progress up the rocky path.

도보여행자들은 바위투성이 길을 천천히 올라가고 있었다.

25 strait [stréit] n. 해협

You have to cross the Strait of Dover to get to England.

영국에 갈려면 도버 해협을 건너야 한다.

26   sunset [sʌ́nsèt] n. 일몰, 해질녘

I have never seen a more beautiful sunset **than this before.**

난 이것처럼 아름다운 일몰을 전에는 본 적이 없다.

27   sunshine [sʌ́nʃàin] n. 햇빛

Sunshine **is a necessary element for plants to grow.**

햇빛은 식물들이 자라는데 필요한 요소이다.

28   through [θrúː] prep. ~ 을 통하여, ~ 을 지나서, ~ 동안 내내

You can go through **this hall to go to the conference room.**

회의실에 가려면 이 복도를 통해서 가면 된다.

29   unlike [ʌ̀nláik] a. 같지 않은 prep. ~을 닮지 않고

This shirt is very nice unlike **that one.**

이 셔츠는 저것과는 달리 매우 좋다.

30   worldwide [wɔ́ːrldwáid] a. 세계적인 ad. 전세계에

A worldwide **slump causes many serious problems.**

세계적인 불황은 많은 심각한 문제들을 일으킨다.

A 아래 영영풀이에 해당하는 단어를 보기에서 골라 넣으시오.

| galaxy | atmosphere | horizon | solar | constellation |

1 _____ : the line of far distance where the sky seems to meet the land or sea.

2 _____ : group of stars which form a pattern.

3 _____ : an extremely large group of stars and planets.

4 _____ : relating to the sun.

5 _____ : the layer of air or other gases around it.

B 영어는 한글로, 한글은 영어로 쓰시오.

6 expand

7 gravity

8 brook

9 fable

10 ocean

11 대륙

12 창조

13 망원경

14 천문궤도

15 충돌, 충격

C 다음 각 단어의 뜻에 포함되지 않는 것을 고르시오.

16 observer

① witness ② viewer ③ obsession ④ watcher

17 channel

① medium ② street ③ route ④ path

18 universe

① cosmos ② space ③ macrocosm ④ university

19 mysterious

① clear ② strange ③ perplexing ④ uncanny

20 explode

① blow up ② erupt ③ expire ④ shatter

Part 9

Nature &
Environment

[자연과 환경]

Lesson 1

Nature

| 자연

01 continue [kəntínjuː] v. 계속하다, 계속되다

He continued to talk about himself.

그는 자신의 이야기를 계속했다.

02 dew [djúː] v. 이슬을 맺다 n. 이슬

I'd like to see the morning dew on the leaves.

난 나뭇잎에 있는 아침 이슬을 보는걸 좋아한다.

03 dominate [dámənèit] v. 지배하다, 위압하다

They dominate the whole village through strict rules.

그들은 엄격한 규칙에 의해 마을 전체를 지배하고 있다.

04 diameter [daiǽmətər] n. 지름

That ball is about 20 centimeters in diameter.

저 공의 지름은 약 20cm이다.

05 earthquake [ə́ːrθkwèik] n. 지진

An earthquake can damage buildings and houses.

지진은 건물이나 집을 손상시킬 수 있다.

06 edge [édʒ] v. 날을 세우다, ~에 테를 달다 n. 가장자리, 테두리

The edge of the plate is made of gold.

접시의 가장자리는 금으로 만들어졌다.

07 erode [iróud] v. 부식되다, 침식하다

I found the nail in the drawer seriously eroded.

서랍에 있는 못이 심하게 부식된 것을 발견했다.

08 eventual [ivéntʃuəl] a. 최후의

I'm surprised at Mr. Green's eventual success.

Green씨의 최종 성공에 놀랐다.

09 evolve [iválv] v. 전개하다, 진화하다

She is responsible for the way the project evolved.

그녀가 전개되고 있는 프로젝트의 책임을 맡고 있다.

10 extinct [ikstíŋkt] a. 멸종된, (불이) 꺼진

Wild animals are getting extinct nowadays.

요즘 야생 동물들이 멸종되고 있다.

11 **field** [fíːld] n. 논, 밭, (연구) 방면

He is in the corn field to harvest.

그는 수확하려고 옥수수 밭에 있다.

12 **fond** [fánd] a. 좋아하는, 애정 있는

I'm fond of going to unknown places.

난 미지의 장소에 가는 것을 좋아한다.

13 **furnish** [fə́ːrniʃ] v. 공급하다, 비치하다

The studio apartment is furnished with a basic bed, table, two chairs, and three shelf bookcases.

그 원룸 형 아파트는 기본적인 침대와 테이블, 의자 2개, 3개의 선반 책장이 비치되어 있다.

14 **generous** [dʒénərəs] a. 관대한, 풍부한, 기름진

He's very generous to forgive you.

널 용서해 준 것을 보니 그는 매우 관대하다.

15 **grateful** [gréitfəl] a. 고맙게 여기는, 기분 좋은

I'm very grateful to him for coming to my birthday party.

나는 그가 내 생일 파티에 와준 것에 감사한다.

16 historical [histɔ́:rikəl, -tɑ́r-] a. 역사적인, 역사상의

That's a historical symbol of the war.

저것은 전쟁의 역사적 상징이다.

17 instinct [ínstiŋkt] n. 본능, 천성

The dog can find its mother by instinct.

개들은 본능에 의해 엄마를 찾을 수 있다.

18 mammal [mǽməl] n. 포유동물

Whales are the only mammal of all the sea animals.

고래는 바다 동물들 중에서 유일한 포유동물이다.

19 marine [mərí:n] a. 바다의, 바다에 사는

Marine creatures are really beautiful and mysterious.

바다에 사는 생물들은 정말로 아름답고 신비하다.

20 origin [ɔ́:rədʒin, ɑ́r-] n. 기원, 발달

Do you know the origin of chess?

너 체스의 기원을 알고 있니?

21 remain [riméin] v. 남다, 살아남다 n. 유물

That's the violin that remained **after he left.**

저것이 그가 떠난 후에 남겨진 그 바이올린이다.

---

22 scene [síːn] n. 장면, 풍경

My favorite scene **is when the hero meets her again.**

주인공이 그녀를 다시 만나는 장면이 내가 가장 좋아하는 장면이다.

---

23 soil [sɔ́il] n. 토양, 흙

It'll be helpful to plant it in fertile soil.

그것을 기름진 땅에 심는 것이 도움이 될 것이다.

---

24 sunlight [sʌ́nlàit] n. 햇빛

I couldn't open my eyes because of the sunlight.

햇빛 때문에 눈을 뜰 수 없었다.

---

25 supreme [səpríːm, su-] a. 최고 위의, 가장 중요한 n. 최고의 것

The martyr made the supreme **sacrifice with his life.**

그 순교자는 그의 인생에서 가장 중요한 희생을 했다.

26 surface [sə́ːrfis] a. 표면의 n. 표면

James thinks that it looks good on the surface.

James는 그것은 외관상으로는 좋아 보인다고 생각한다.

27 surround [səráund] v. 둘러싸다

That park is surrounded **with apple trees.**

저 공원은 사과 나무로 둘러싸여 있다.

28 survive [sərváiv] v. 살아 남다, 생존하다

Fortunately, he survived **the car accident that happened two days ago.**

다행히도, 그는 이틀 전에 났던 사고에서 살아 남았다.

29 tornado [tɔːrnéidou] n. 회오리 바람

Julie lost her house when the tornado **came through her town.**

이 도시에 회오리 바람이 왔을 때 Julie는 집을 잃었다.

30 volcano [vɑlkéinou] n. 화산

There are a lot of active volcanoes **in their country.**

그들의 나라에는 활화산들이 많이 있다.

Lesson 2
Climate

|기후

01 below [bilóu] a. ~보다 아래에 ad. 아래로

It will be 10 degrees below **the day after tomorrow.**

내일 모레는 영하 10도일 것이다.

02 Celsius [sélsiəs, -ʃi-] a. 섭씨의

The temperature climbs up to 37 degrees Celsius **in summer.**

여름에는 기온이 섭씨 37도까지 올라간다.

03 clear [klíər] a. 밝은, 맑게 갠, 명백한

You can see a clear **sky at the end of this month.**

이번 달 말에는 맑게 갠 하늘을 볼 수 있을 것이다.

04 climate [kláimit, -mət] n. 기후

Most people can't adapt to a tropical climate.

대부분의 사람들이 열대성 기후에 적응을 못한다.

05 cloudy [kláudi] a. 흐린, 구름이 많은

If it gets cloudy, **the schedule will be changed.**

날씨가 흐리면, 예정이 바뀔 것이다.

06   **cycle** [sáikl] n. 순환, 주기 v. 순환하다, 자전거를 타다

The cycle of the seasons has disappeared. It's hot all the year round.

계절의 순환주기가 사라졌다. 일년 내내 덥다.

07   **degree** [digrí:] n. 정도, 등급, 학위

He has a doctor's degree in mathematics.

그는 수학에서 박사 학위를 받았다.

08   **diverse** [divə́:rs, dáivə:rs] a. 다양한

There are diverse cultures in the world.

세상에는 다양한 문화들이 있다.

09   **drought** [dráut] n. 가뭄

Everyone will be happy to hear that it'll be raining after the long drought.

모든 사람들이 긴 가뭄 뒤에 비가 올 것이라는 것을 듣고 기뻐할 것이다.

10   **dust** [dʌ́st] v. ~의 먼지를 털다 n. 먼지

As I'm allergic to dust, I kept coughing all that time.

난 먼지에 알레르기가 있어서 그때 계속 기침했다.

11 **flood** [flʌd] n. 홍수

What should I do if I'm in a flood?

내가 홍수를 만나면 내가 무엇을 해야 하니?

12 **forecast** [fɔ́ːrkæ̀st, -kɑ̀ːst] v. 예상하다, (날씨가) 예보하다 n. 예보

I heard it'll be fine tomorrow from the weather forecast.

일기예보에서 내일 날씨가 맑을 것이라고 들었다.

13 **foggy** [fɔ́ːgi, fɑ́gi] a. 안개 낀, 흐릿한

I couldn't see well because it was foggy.

안개가 끼어서 잘 볼 수 없었다.

14 **freeze** [fríːz] v. 얼다, 얼어붙다

I'm almost freezing. I need a coat.

나 얼어 죽을 것 같다. 코트가 필요하다.

15 **hail** [héil] v. 우박이 내리다 n. 우박

She couldn't go anywhere as it hailed heavily.

심하게 우박이 내려서 그녀는 어디도 갈 수 없었다.

16 **humid** [hjúːmid] a. 습한

I don't like summer because of the humid weather.

난 습한 날씨 때문에 여름을 싫어한다.

17 **icy** [áisi] a. 얼음의, 얼음 같은, 쌀쌀한

The icy road made me drive difficult.

얼어붙은 도로가 나를 운전하기 어렵게 했다.

18 **indicate** [índikèit] v. 가리키다, 나타내다, 지시하다

The e-mail indicates that the meeting will be canceled.

그 이메일은 회의가 취소될 거라고 했다.

19 **lightning** [láitniŋ] a. 번개의 n. 번개

Lightning is much faster than thunder.

번개가 천둥보다 훨씬 더 빠르다.

20 **melt** [mélt] v. 녹다, 용해하다 n. 용해

It's spring when you see the ice melting.

네가 얼음이 녹고 있는 걸 볼 때가 여름이다.

21 over [óuvər] prep. ~의 위쪽에, ~을 너머 ad. 위에 a. 위의

The girl who is going over the bridge is my friend.

다리를 건너가고 있는 그 소녀가 내 친구이다.

22 rainfall [réinfɔ̀:l] n. 강우, 강수량

You have to check the water level after a heavy rainfall.

비가 많이 온 후에 강수량을 확인 해야 한다.

23 region [rí:dʒən] n. 지방, 지역

People in that region complained about it.

그 지역 사람들은 저것에 대해 불평을 한다.

24 seize [sí:z] v. 붙잡다, 파악하다

You'll be able to seize the meaning if you refer to this book.

이 책을 참조하면 그 의미를 파악할 수 있을 것이다.

25 severe [səvíər] a. 엄격한, 엄한

I thought that the rules were very severe at that time.

난 그 당시에는 규칙이 매우 엄격하다고 생각했다.

26   storm [stɔːrm] n. 폭풍(우) v. (날씨가) 사나워지다

The storm destroyed a lot of things, including his house.

폭풍우는 그의 집을 포함해서 많은 것들을 파괴했다.

27   temperature [témpərətʃər, -tʃúər, -pərtʃər] n. 기온, 온도

The temperature is going up continuously.

기온은 계속해서 올라가고 있다.

28   tropic [trápik] a. 열대의 n. 열대 (지방)

Coconut trees are able to grow in the tropic.

코코넛 나무는 열대 지방에서 자랄 수 있다.

29   warm [wɔ́ːrm] v. 따뜻해지다 a. 따뜻한, 열렬한

I want some warm tea. It's very cold outside.

난 따뜻한 차를 원한다. 밖이 너무 춥다.

30   weather [wéðər] n. 기상, 날씨

Our schedule is dependent upon the weather of that day.

우리의 예정은 그 날의 날씨에 따라 달라질 수 있다.

Lesson 3

Environment

| 환경

01 **afford** [əfɔ́:rd] v. ~할 수 있다, ~할 여유가 있다

She can't afford to buy that house.

그녀는 저 집을 살만한 여유가 없다.

02 **beautify** [bjú:təfài] v. 아름답게 하다, 아름다워지다

It's important thing for me to beautify myself.

난 나 자신을 아름답게 하는 것이 중요한 것이라고 생각한다.

03 **bush** [búʃ] v. 무성하게 하다 n. 수풀

I found your wallet in the bush.

난 수풀 속에서 너의 지갑을 찾았다.

04 **carbon dioxide** [ká:rbən daiáksaid] n. 이산화탄소

I want to study about carbon dioxide

난 이산화 탄소에 대해 공부하고 싶다.

05 **comfortable** [kʌ́mftəbl, -fərtə-] a. 편안한

This bed is much more comfortable than that one.

이 침대가 저것보다 훨씬 더 편안하다.

06 complex [kəmpléks, kámpleks] a. 복잡한, 복합의 n. 복합체, 합성물

This creature has complex cells.

이 생물은 복잡한 세포들을 가지고 있다.

07 condition [kəndíʃən] n. 조건, 상황

Mr. June works in a good condition.

June씨는 좋은 환경에서 일한다.

08 creature [krí:tʃər] n. 창조물, 생물, 동물

There are a lot of unknown creatures in the deep sea.

심해에는 미지의 생물들이 많이 있다.

09 definitely [défənitli] ad. 명확히, 한정적으로

He has definitely announced his final decision.

그는 그의 마지막 결정을 명확히 밝혔다.

10 ecosystem [í:kousìstəm, ékou-] n. 생태계

The food chain plays an important role in the ecosystem.

먹이사슬은 생태계에서 중요한 역할을 한다.

11   equator [ikwéitər] n. 적도

I need some books about the equator.

난 적도에 관한 책이 좀 필요하다.

12   forest [fɔ́:rist, fá-] n. 숲

Shrek lives with Princess Fiona in a castle in the forest.

슈렉은 피오나 공주와 숲에 있는 성에 살고 있다.

13   forth [fɔ́:rθ] ad. 앞으로, 밖으로, 이후 prep. ~에서 밖으로

From the day before yesterday forth, She has never seen yet.

그저께 이후로, 그녀는 아직 나타나지 않았다.

14   geography [dʒiágrəfi] n. 지리학

I'm really good at geography.

난 지리를 정말 잘한다.

15   geology [dʒiálədʒi] n. 지질학, 지질

He is known as a famous professor of geology at the university.

그는 그 대학에서 유명한 지질학 교수님으로 알려져 있다.

16 gradually [grǽdʒuəli] ad. 차차, 차츰, 점차로

This area has been developed gradually by that company.

이 지역은 저 회사로 인해 점차 발전되고 있다.

17 ignore [ignɔ́:r] v. 무시하다

I didn't ignore his theory.

난 그의 이론을 무시하지 않았다.

18 mere [míər] a. 단순한, 단지 ~에 불과한, 순전한

He is a mere child. Please understand him.

그는 단지 어린아이에 불과하다. 그를 좀 이해해 줘라.

19 mistaken [mistéikən] a. 틀린, 오해한

He was mistaken for his twin brother.

그는 그의 쌍둥이 형을 오해했다.

20 natural [nǽtʃərəl] n. 자연의

That insurance didn't pay for damages caused by natural disasters.

저 보험은 자연 재해에 대한 피해는 보상해 주지 않는다.

21 **nearby** [níərbài] a. 가까운 ad. 가까이에(서)

The drugstore is nearby **the post office.**

약국은 우체국 근처에 있다.

22 **oxygen** [ɑ́ksidʒən] n. 산소

This plant needs much oxygen **from the air.**

이 식물은 공기 중으로부터 많은 산소를 필요로 한다.

23 **prevent** [privént] v. 막다, 방해하다

It'll be helpful in preventing **you from catching a bad cold.**

그것은 당신이 독감에 걸리지 않도록 도와줄 것이다.

24 **reaction** [riːǽkʃən] n. 반응, 반작용

I was surprised at his reaction.

난 그의 반응에 놀랐다.

25 **reduce** [ridjúːs] v. 줄이다, 축소되다

You can reduce **the amount of trash by recycling.**

넌 재활용을 하면 쓰레기 양을 줄일 수 있다.

26 remark [rimáːrk] v. ~에 주목하다 n. 주의, 주목

I remarked about the news when she ignored it.

난 그녀가 그것을 무시했을 때 그 소식에 주목했다.

27 rise [ráiz] v. 일어나다, 오르다 n. 오름, 상승

I'd like to go jogging as the sun rises.

나는 해가 뜰 때 조깅하는 것을 좋아한다.

28 shut [ʃʌt] v. 닫다

You have to shut the door when you leave.

넌 나갈 때 문을 닫아야 한다.

29 soak [sóuk] v. 스며들다, 젖다, 적시다, 빨아들이다

Because he forgot his umbrella, he was soaked by rain.

그가 우산을 잃어 버려서, 비에 흠딱 젖었다.

30 standard [stǽndərd] n. 기준, 표준 a. 표준의

According to the international standard, it doesn't have any problems.

국제 표준에 의하면, 그것은 어떠한 문제점도 없다.

Lesson 4

Pollution

| 오염

01 **acid** [ǽsid] a. 산성의, 신 n. 산

These nails are corroded by acid.

이 못들은 산에 의해서 부식되었다.

02 **affect** [əfékt] v. 영향을 끼치다

It's the essential that affect our decision.

그것은 우리의 결정에 영향을 끼치는 주요한 요소이다.

03 **avenue** [ǽvənjù:] n. 대로, 수단, 길, 방법

We will explore every avenue until we find an answer.

우리는 답을 찾을 때까지 모든 방안을 모색할 것이다.

04 **awful** [ɔ́:fəl] a. 심한, 지독한

The pie tastes really awful.

그 파이 정말 맛이 없다.

05 **cause** [kɔ́z] v. (문제 등을) 야기시키다, 일으키다 n. 원인, 이유

This medicine can cause dizziness.

이 약은 현기증을 일으킬 수 있다.

06 damage [dǽmidʒ] v. 손상시키다, 손해를 입히다 n. 손상, 손해

The building was damaged by the typhoon last year.

그 건물은 작년에 그 태풍에 의해 손상됐다.

07 decrease [dikríːs] v. 감소하다, 줄다

You have to decrease the speed of your car on this road.

넌 이 길에서 속도를 줄여야 한다.

08 deed [díːd] n. 행동, 공적

Tom is proud of his deed for the campaign.

Tom은 캠페인에 대한 그의 공적을 자랑스럽게 여긴다.

09 disposal [dispóuzəl] n. 배치, 처분

Your suggestion for its disposal is still under consideration.

그것의 처분에 대한 너의 제안은 여전히 고려 중이다.

10 dump [dʌ́mp] v. 쓰레기를 버리다 n. 쓰레기 더미

The van dumped on the field as it drove past.

그 중형 자동차는 지나가면서 밭에 쓰레기를 버렸다.

11 effect [ifékt] n. 효과, 영향

It has an effect on the experiment.

그것은 그 실험에 효과가 있다.

12 fortune [fɔ́:rtʃən] n. 행운, 운

If you do your best, good fortune will show up.

네가 최선을 다하면, 행운이 올 것이다.

13 greenhouse [grí:nhàus] n. 온실

As we have greenhouses, we can grow plants in the winter.

온실이 있어서, 겨울에도 식물을 재배할 수 있다.

14 harmful [há:rmfəl] a. 해로운

Fast food may be harmful to your health.

패스트푸드는 아마도 너의 건강에 해로울 것이다.

15 smog [smág, smɔ́:g] n. 스모그

Many factories could be the reason for the smog.

많은 공장들이 스모그의 원인이 될 수 있다.

16 **illness** [ílnis] n. 질병

This plant is dying due to the illness.

이 식물은 질병 때문에 죽어가고 있다.

17 **instant** [ínstənt] a. 즉시의 n. 즉시, 순간

It was an instant hit, and the president promoted me to a manager.

그것은 즉시 히트했고, 사장은 나를 매니저로 승진시켰다.

18 **overuse** [óuvərjúːz] pron. 우리의 것

The drug's overuse caused bacteria's resistance to it.

약물 남용으로 인해 세균들이 내성(耐性)을 갖게 되었다.

19 **ozone** [óuzoun] n. 오존

Do you know something about the ozone?

너 오존에 대해서 알고 있는 거 있어?

20 **theory** [θíəri, θíːə-] n. 이론, 학설

The theory is not supported by the facts.

그 이론은 사실로 뒷받침되지 않는다.

21 pollute [pəlúːt] v. 오염시키다, 더럽히다

Many cars and companies are polluting **the air.**

많은 차들과 회사들이 공기를 오염시키고 있다.

22 radiation [rèidiéiʃən] n. (빛, 열 등의) 복사, 복사선

The phenomenon occurs because of the radiation.

이 현상은 복사 때문에 일어난 것이다.

23 release [rilíːs] v. ~을 발표하다, ~을 해방하다 n. 석방

The wildlife was released **from a snare.**

그 야생동물이 올가미에서 풀려났다.

24 seek [síːk] v. 찾다, ~을 추구하다

I'm seeking **my sunglasses through my whole house.**

난 집안 전체에서 선글라스를 찾고 있다.

25 shame [ʃéim] v. ~을 창피 주다 n. 부끄럼, 치욕

I was shamed **when I made a mistake.**

실수했을 때 부끄러웠다.

26 spill [spíl] v. 엎지르다

You must be careful not to spill the water.

물 엎지르지 않게 조심해야 한다.

27 trash [trǽʃ] n. 쓰레기

Empty this trash can right now.

지금 당장 이 쓰레기통 좀 비워봐.

28 threaten [θrétn] v. 위협하다, ~할 우려가 있다

He threatened to kill Mr. Kim.

그는 죽이겠다고 김씨를 협박했다.

29 waste [wéist] v. 낭비하다

I don't like to waste time sleeping.

난 잠 자는데 시간을 낭비하고 싶지 않다.

30 wildlife [wáildlàif] n. 야생동물

This area is the place just for wildlife.

이 지역은 야생동물들만을 위한 장소다.

Lesson 5

Resource

| 자원

01   alternative [ɔːltə́ːrnətiv, æl-] a. 양자 택일의 n. 양자 택일, 다른 대안

It's the alternative that I mentioned before.

그게 내가 전에 말했던 대안이다.

02   association [əsòusiéiʃən, -ʃi-] n. 협회, 연합

Many people are gathered through the charity association.

많은 사람들이 자선 협회에 의해 모였다.

03   coal [kòul] n. 석탄, 숯

He worked at the coal mine five years ago.

그는 5년 전에 광산에서 일했었다.

04   conservation [kὰnsəːrvéiʃən] n. 보존, 유지, 보호

They focused on the conservation of wildlife.

그들은 야생동물 보호에 집중했다.

05   energy [énərdʒi] n. 에너지

We have to carry on the project for finding new potential energy.

우리는 잠재 에너지를 찾는 프로젝트에 착수 해야 한다.

06 exhaust [igzɔ́:st] v. (체력을) 소모하다, 고갈시키다

I'm so exhausted **from overworking today.**

난 오늘 일을 과하게 해서 지쳤다.

07 fuel [fjú:əl, fjúəl] n. 연료

Our car is out of fuel **after a long run.**

우리 차는 오랜 질주 후에 연료가 없어졌다.

08 frame [fréim] v. ~의 뼈대를 만들다 n. (건물의) 뼈대, 구조, 액자

Star building is framed **with steel.**

Star 빌딩은 강철로 뼈대가 만들어졌다.

09 further [fə́:rðər] ad. 더 멀리, 게다가 a. 이상의

For further **details, contact us at your convenience.**

자세한 사항을 원하면, 편한 시간에 연락해야 한다.

10 gas [gǽs] n. 가스, 휘발유

Where is the nearest gas **station?**

가장 가까운 주유소가 어디야?

11 **guard** [gá:rd] v. 지키다, 경계하다 n. 경비원

His duty is to guard these materials from corrosion.

그의 임무는 이 재료들을 부식으로부터 지키는 것이다.

12 **hazardous** [hǽzərdəs] a. 위험한

There are many hazardous things in the box.

상자 안에는 위험한 것들이 많이 있다.

13 **hydroelectric** [hàidrouiléktrik] a. 수력 전기의

Most of electric energy is produced by a hydroelectric system.

대부분의 전기 에너지는 수력 발전 시스템에 의해 생성된다.

14 **intellectual** [ìntəléktʃuəl] a. 지적인

The employer demanded someone with intellectual power for this position.

고용주는 이 자리에 지적인 능력을 가진 누군가를 요구했다.

15 **liquid** [líkwid] a. 액체의 n. 액체

I want a liquid type, not a solid one.

난 고체 타입 말고 액체타입을 원한다.

16 learn [lə́:rn] v. 배우다

We have already learned about sports.

우리는 이미 스포츠에 대해 배웠다.

17 locate [lóukeit] v. 위치하다

The ranch located in the mountain is very huge.

산에 위치하고 있는 그 목장은 매우 크다.

18 mineral [mínərəl] n. 광물, 무기물, 미네랄 a. 광물의

This water contains much more mineral than others.

이 물은 다른 것들보다 훨씬 많은 미네랄을 포함하고 있다.

19 nuclear [njú:kliər] n. 핵무기 a. 핵의

North Korea has its own nuclear weapon.

북한은 그들만의 핵무기를 가지고 있다.

20 possibly [pásəbli] ad. 아마, 어떻게든지

He possibly has an appointment tomorrow.

그는 아마 내일 약속이 있을 것이다.

21 **power** [páuər] n. 힘, 권력, 능력

He has as much power as the president has.

그는 대통령만큼 권력을 가지고 있다.

22 **preserve** [prizə́:rv] v. 보호하다, 지키다, 보존하다

Roger preserved my life from the danger yesterday.

Roger가 어제 날 위험에서 구해주었다.

23 **recycle** [ri:sáikəl] v. 재활용하다

We should throw away things that can not be recycled.

재활용할 수 없는 물건은 버려야 한다.

24 **remove** [rimú:v] v. 제거하다, 옮기다

I think you'd better remove the bed to the next room.

내 생각에는 넌 침대를 옆 방으로 옮기는 게 나을 것 같다.

25 **seldom** [séldəm] ad. 거의 ~ 않는, 드물게

He seldom goes out when he has something to do.

그는 할 일이 있을 때 거의 밖에 나가지 않는다.

26 spoil [spɔ́il] v. 망치다, 상하다

I'll get rid of the spoiled **eggs from the refrigerator.**

냉장고에서 썩은 달걀들을 치울 것이다.

27 steel [stíːl] n. 강철

How about making the bridge with steel**?**

강철로 다리를 만들어 보는 건 어때?

28 tide [táid] n. 조수

You can get shellfish in low tide**.**

너희들은 썰물 때 조개를 얻을 수 있다.

29 wind [wínd] n. 바람

The wind **blows from the South.**

바람이 남쪽에서 불어 온다.

30 vast [vǽst, vάːst] a. 광대한

I've never seen a vast **expansive desert before.**

난 전에는 이런 광대한 사막을 본 적이 없다.

A 다음 영어 단어에 해당하는 우리말 뜻을 쓰시오.

1 earthquake _____ 2 extinct _____

3 soil _____ 4 tornado _____

5 below _____ 6 drought _____

7 forecast _____ 8 humid _____

B 다음 우리말에 해당하는 영어 단어를 쓰시오.

9 창조물 _____ 10 숲 _____

11 자연의 _____ 12 막다 _____

13 영향을 끼치다 _____ 14 손상 시키다 _____

C 영어 단어와 우리말 뜻을 바르게 연결하시오.

15 pollute   •   • 쓰레기

16 trash   •   • 보존하다

17 preserve   •   • 오염 시키다

18 remove   •   • 제거하다

D. 빈칸에 우리말 뜻에 해당하는 영어를 쓰시오.

19 He started to _____ (재활용하다) two years ago.

20 Our car is out of _____ (연료) after a long run.

Part 10

History & Future

[역사와 미래]

Lesson 1

History

| 역사

01 aid [éid] v. 돕다 n. 원조, 도움

We must aid flood victims to stand on their own feet
again.

우리는 홍수 피해자들이 다시 그들 스스로의 힘으로 일어설 수 있도록 도와야 한다.

02 amaze [əméiz] v. 몹시 놀라게 하다

It amazed me to hear the sound when I saw the fireworks.

불꽃놀이를 볼 때 소리를 듣고 놀랐다.

03 awake [əwéik] v. 깨우다, 자각시키다 a. 깨어 있는

I was already awake when my mother came to wake me
up this morning.

오늘 아침 엄마께서 날 깨우러 오셨을 때 난 이미 깨어 있었다.

04 calendar [kǽləndər] n. 달력

I need a calendar for my desk in my office.

난 사무실 책상에 달력이 필요하다.

05 celebrate [séləbrèit] v. 축하하다

We came here to celebrate your birthday.

우리는 너의 생일을 축하해 주려고 여기에 왔다.

06 ceremony [sérəmòuni] n. 의식

There is a funeral ceremony at the church today.

오늘 교회에서 장례식이 있다.

07 combine [kəmbáin] v. 결합시키다, 겸하다

He decided to combine the two companies.

그는 두 회사를 결합시키려고 결정했다.

08 custom [kʌ́stəm] n. 풍습, 관세, 고객

It is an old custom to give something to old people with two hands in Korea.

우리나라에서는 어른들께 두 손으로 뭔가를 드리는 것이 오래된 풍습이다.

09 deserve [dizə́:rv] v. ~할 가치가 있다

I deserve the first prize in last competition.

난 지난 대회에서 일등을 할 자격이 있었다.

10 farther [fɑ́:rðər] ad. 더 멀리, 더욱이 a. 더 먼, 더 뒤의

I'm too tired to go farther.

난 너무 힘들어서 더 멀리 갈 수가 없다.

11   flourish [flɔ́ːriʃ, flʌ́riʃ] v. 번창하다, 번성하다

I hope you'll flourish **in your new business.**

난 너의 새로운 사업에서 번창하기를 바란다.

12   fully [fúlli] ad. 충분히

I really want to sleep fully.

난 정말로 충분히 잠을 잤으면 좋겠다.

13   imagine [imǽdʒin] v. 상상하다, 가정하다

Imagine **you're rich, what do you want to do?**

네가 부자라고 생각해 봐, 넌 뭐가 하고 싶니?

14   instance [ínstəns] n. 보기, 사례

This instance **was regarded as important.**

이 사례가 중요한 것으로 여겨졌다.

15   issue [íʃuː] v. 나오다 n. 발행물

Woman magazine skipped their current issue **because of construction.**

Woman 잡지는 공사 때문에 최근 발행물을 건너 뛰었다.

16 **knight** [náit] n. 기사

There was a meeting of brave and smart knights.
용감하고 똑똑한 기사들의 모임이 있었다.

17 **link** [líŋk] v. 연결하다, 잇다 n. 고리

The website is linked to my homepage.
그 웹사이트는 내 홈페이지에 연결되어 있다.

18 **loss** [lɔ́ːs, lás] n. 분실, 손실

I don't care about a partial loss.
난 부분적인 손실은 신경 쓰이지 않는다.

19 **necessity** [nəsésəti] n. 필수품

Where can I get the necessities of life?
생활필수품은 어디에서 사야 하니?

20 **pause** [pɔ́ːz] v. 중단하다, 잠시 멈추다 n. 잠깐 멈춤, 중지

You can pause for breath as we have enough time.
우리 시간 많으니까 잠시 한숨 돌려도 된다.

21 pierce [píərs] v. 꿰뚫다

The spear couldn't pierce the shield.

그 창은 그 방패를 뚫을 수 없었다.

22 possession [pəzéʃən] n. 소유(물), 재산

This is the most precious thing in my possession.

이게 내 소유물 중에서 가장 중요한 것이다.

23 pure [pjúər] a. 순수한, 결백한

The price of pure gold is rising these days.

순금 가격이 요즘 오르고 있다.

24 relation [riléiʃən] n. 관계

She has friendly relations with Mr. Smith.

그녀는 Smith씨와 친한 관계이다.

25 remind [rimáind] v. 생각나게 하다

This handkerchief reminds me of my mother.

이 손수건은 엄마를 생각나게 한다.

26 render [réndər] v. ~하게 하다, 표현하다

The last business rendered **him rich.**

지난번 사업이 그를 부자로 만들었다.

27 significant [signífikənt] a. 중요한, 의미 있는

It is a significant **task in this presentation.**

그건 이번 강연에서 중요한 일이다.

28 thus [ðʌs] ad. 그러므로, 이렇게

Managed thus, **and you'll succeed soon.**

이렇게 하면, 넌 금방 성공할 것이다.

29 track [trǽk] n. 지나간 자취, 철로

I kept walking along the track **for a while.**

난 한동안 철로를 따라 계속 걸었다.

30 tradition [trədíʃən] n. 전통

Following tradition, **I decided to wear Korean traditional clothes.**

전통에 따라, 한복을 입기로 했다.

Lesson 2
War
| 전쟁

01 **attack** [ətǽk] v. 공격하다

The general attacked **the enemy with a wise strategy.**

그 장군은 현명한 전략으로 적을 공격했다.

02 **batter** [bǽtər] v. 강타하다, 때려 부수다

He battered **the furniture in his anger.**

그는 분노로 가구를 때려 부수고 말았다.

03 **beaten** [bíːtn] a. 두들겨 맞은

Have you heard that he is beaten **completely?**

너 그가 완전히 묵사발됐다는 얘기 들었어?

04 **bid** [bíd] v. 명령하다, (값을) 매기다 n. 입찰

I bade **my students to finish their homework by next class.**

난 내 학생들이 다음 시간까지 숙제를 끝내도록 했다.

05 **bullet** [búlit] n. 총탄

The police officer couldn't find a bullet **at the scene of the crime.**

그 경찰은 사건 현장에서 총알을 찾을 수가 없었다.

06   burst [bə́:rst] v. 폭발하다

The bomb burst into fragments during the flight.
비행하는 동안 폭탄이 터져서 산산조각 났다.

07   colony [káləni] n. 식민지

West Africa was a colony of France.
서부 아프리카는 프랑스의 식민지였다.

08   dash [dǽʃ] v. 돌진하다, 내던지다 n. 돌진, 충돌

I dashed from my room after I got a call from my father.
아버지께 전화를 받고 난 후에 난 방에서 달려 나왔다.

09   defense [diféns] n. 방어

The most effective defense is offense.
공격이 최선의 방어이다.

10   disaster [dizǽstər, -zá:s-] n. 재해

You have to be prepared for natural disasters.
넌 자연 재해에 대해 대비해야 된다.

11 dispatch [dispǽtʃ] v. 파견하다 n. 급파

The government decided to dispatch **the army to World War II.**

정부는 2차 세계 대전에 군대를 파견하기로 결정했다.

12 desolate [désələt, déz-] v. 황폐시키다 a. 황량한, 쓸쓸한

It was a desolate **wilderness unlike what I imagined.**

내 생각과는 달리 그 곳은 사람이 없는 황야였다.

13 defeat [difíːt] v. 쳐부수다, 패배시키다 n. 패배, 실패

There is no way that we can defeat **the terrorists.**

우리가 테러리스트들을 이길 방법이 없었다.

14 empire [émpaiər] n. 제국

I want a book about the history of the British Empire.

난 대영 제국의 역사에 대한 책을 원한다.

15 enemy [énəmi] n. 적

Don't make even an enemy **in your life.**

네 인생에서 한 명의 적도 만들지 마.

16　fright　[frait]　v. 소스라치게 놀라다　n. 공포

He had a fright when he saw the ghost.

그는 유령을 봤을 때 공포에 사로잡혔다.

17　gasp　[gǽsp, gάːsp]　v. 숨이 막히다　n. 헐떡거림

The dog breathes with gasps and has a weak pulse.

그 개는 숨을 헐떡이고 맥박이 약하다.

18　harbor　[hάːrbər]　v. 숨겨주다　n. 피난처, 항만

He started to harbor the refugees a long time ago.

그는 오래 전에 피난민들에게 거처를 제공하기 시작했다.

19　league　[líːg]　n. 연맹, 동맹, 리그

That country was in league with the U.S.

그 나라는 미국과 동맹을 맺고 있었다.

20　mighty　[máiti]　a. 강력한, 힘센

Because he has mighty power, the superhero will be able to defeat the enemy.

그는 강력한 힘이 있으니까, 초인은 적을 무찌를 수 있을 것이다.

21 military [mílitèri] a. 군대의 n. 군대

Every Korean male citizen has a duty to do military **service in Korea.**

대한민국에서는 모든 남자들이 병역의 의무를 가지고 있다.

22 polish [pάliʃ, pɔ́l-] v. 윤을 내다, 닦다 n. 광택

Almost all soldiers polish **their own guns in their free time.**

대부분의 군인들은 여유 시간에 총에 윤을 낸다.

23 rank [rǽŋk] v. 나란히 세우다 n. 계급

He will be promoted to the rank **of major next month.**

그는 다음달에 소령의 계급에 오르게 될 것이다.

24 resist [rizíst] v. 저항하다, 반항하다

The soldiers resisted **for two days.**

병사들은 이틀 동안 항쟁했다.

25 roar [rɔ́ːr] v. 으르렁거리다, 고함치다 n. 고함치는 소리

The missile roared **off the launch pad into the sky.**

미사일이 발사대에서 굉음을 울리며 하늘로 발사되었다.

26 rocket [rάkit, rɔ́k-] n. 로켓

He invented a new rocket which is more compacted than others.

그는 다른 것들보다 더 튼튼한 새 로켓을 발명했다.

27 shoot [ʃúːt] v. 쏘다

You can't shoot me now because you have something to tell me.

넌 나에게 할말이 있기 때문에 지금 날 쏠 수 없다.

28 tent [tént] n. 텐트, 천막

I was sleeping in a tent in the forest.

난 숲 속에서 텐트 안에서 자고 있었다.

29 troop [trúːp] n. 무리, 떼, 군대

Do you know the differences between regular troops and shock troops?

너 상비군과 기습 부대의 차이점을 알고 있니?

30 victory [víktəri] n. 승리

We have a victory in the civil war.

우리는 내전에서 승리를 했다.

Lesson 3
Future
| 미래

01 **absolute** [ǽbsəlùːt] a. 절대적인, 절대의 n. 절대

He is going to have absolute power.

그는 절대적인 힘을 가지게 될 것이다.

02 **aside** [əsáid] ad. 곁에, 옆에

I'm sorry to bother you, but would you step aside?

귀찮게 해서 죄송합니다만, 옆으로 비켜 주시겠습니까?

03 **assume** [əsúːm] v. 추측하다, 가정하다

Let's assume that he won't be back until tomorrow morning.

그가 내일 아침까지 돌아오지 않는다고 가정해 보자.

04 **basis** [béisis] n. 기본, 원리

On the basis of mathematics, there are two ways to solve this problem.

수학의 원리에 따르면, 이 문제를 푸는 데에는 두 가지 방법이 있다.

05 **brightness** [bráitnis] n. 빛남, 선명

The star varies in brightness by about three magnitudes.

그 별은 밝기가 세 광도 정도로 달라진다.

06 cradle [kréidl] n. 요람

Go and check up whether the baby is sleeping in the cradle or not .

가서 아기가 요람에서 자고 있는지 아닌지 확인해 봐.

07 dare [dɛ́ər] v. 감히 ~하다

How dare you to do this to me?

넌 나한테 어떻게 이럴 수 있니?

08 distant [dístənt] a. (거리적으로) 떨어진, (시간적으로) 먼

I hope that you are going to be a doctor in the distant future.

난 네가 먼 미래에는 의사가 되기를 바란다.

09 fate [féit] v. 운명 지우다 n. 운명

It was fate that you and I met there a few days ago.

며칠 전에 너와 내가 거기서 만났던 건 운명이었다.

10 imitate [ímətèit] v. 모방하다, 흉내 내다

He is really good at imitating gestures of people on TV.

그는 정말로 TV에 나오는 사람들의 몸짓을 잘 흉내낸다.

11 individual [ìndəvídʒuəl] n. 개인 a. 개인의

They are busy preparing the desks for each individual person.

그들은 각 개인을 위한 책상들을 준비하느라 바쁘다.

12 journal [dʒə́ːrnl] n. 신문, 잡지

I decided to subscribe to Top Journal.

난 Top 잡지를 예약 구독하기로 결정했다.

13 entire [entáiər, in-] a. 전체의, 전부의

He is using the entire third floor of this building.

그는 이 건물의 3층을 전부 사용하고 있다.

14 former [fɔ́ːrmər] a. 이전의, 전자의

I think the former way is better than the latter one.

내 생각에는 후자보다는 전자의 방법이 더 나은 것 같다.

15 from [frʌm, frɑm, frəm] prep. ~에서, ~로부터

Finally I could come out from the cave.

마침내, 나는 그 동굴에서 나올 수 있었다.

16 **gaze** [géiz] v. 응시하다

When I looked at him, he was gazing at her with a smile.

내가 그를 봤을 때, 그는 미소 지으며 그녀를 바라 보고 있었다.

17 **glory** [glɔ́:ri] n. 영광, 명예

We talked about Mr. Kim's glories through the night.

우리는 김씨의 영광에 대해 밤새도록 얘기 했다.

18 **lad** [lǽd] n. 젊은이

Do you remember from the other day that I told you Roy is a great lad?

내가 전에 Roy가 멋진 젊은이라고 얘기 했던 것 기억나?

19 **length** [léŋkθ, lénθ] n. 길이

This road will have a length of 150 kilometers after paving the road.

이 길은 도로 포장 후에는 길이가 150킬로미터는 될 것이다.

20 **majority** [mədʒɔ́:rəti, -dʒár-] n. 대다수, 대부분 a. 다수의, 과반수의

The majority of people tend to prefer roses to lilies.

대다수의 사람들이 백합보다는 장미를 선호하는 경향이 있다.

21 **millennium** [miléniəm] n. 천 년

How did you celebrate the millennium?
당신은 새 천년의 시작을 어떻게 축하하셨어요?

22 **motto** [mátou] n. 좌우명, 격언

**When I was a middle school student, 'challenge' was
a school** motto.
내가 중학생이었을 때, '도전'이 교훈이었다.

23 **neglect** [niglékt] v. 무시하다

You don't have to feel guilty about neglecting **his opinion.**
그의 의견을 무시한 것에 대해 죄책감을 가질 필요는 없다.

24 **nest** [nést] n. 보금자리, 둥지

Can you guess how big the nest **I found in the forest is?**
넌 내가 숲에서 얼마나 큰 둥지를 발견했는지 상상할 수 있겠어?

25 **permanent** [pə́ːrmənənt] a. 영구적인, 영속하는

I believe that he will be able to establish permanent **peace
in the future.**
난 그가 앞으로 영구적인 평화를 확립할 수 있을 것이라고 믿는다.

26   **span** [spǽn] n. 한 뼘, (특정한) 기간

The span of his life is increasing with the help of the medicine.

그의 수명은 약에 의해 늘어나고 있다.

27   **passion** [pǽʃən] n. 열정

It is passion that drives him to continue his work.

그가 일을 계속할 수 있도록 몰아가는 것은 열정이다.

28   **perfectly** [pəːrfíktli] ad. 완벽하게, 완전히

I completed my report perfectly, thanks to your help.

너의 도움으로, 난 보고서를 완벽하게 완성했다.

29   **unnecessary** [ʌnnésəsèri] a. 불필요한, 쓸데 없는

It is an unnecessary thing to go to America.

미국까지 갈 필요는 없다.

30   **urge** [ə́ːrdʒ] v. 몰아대다, 주장하다, ~에게 억지로 시키다

He urged that you must not quit your job.

그는 네가 일을 그만 두면 안 된다고 주장했다.

A 다음 영어 단어에 해당하는 우리말 뜻을 쓰시오.

1 celebrate _____   2 ceremony _____

3 custom _____   4 knight _____

5 necessity _____   6 significant _____

7 attack _____   8 defense _____

B 다음 우리말 뜻에 해당하는 영어 단어를 쓰시오.

9 적 _____   10 쏘다 _____

11 승리 _____   12 절대적인 _____

13 모방하다 _____   14 이전의 _____

C 다음의 뜻에 해당하는 영어 단어를 보기에서 골라 쓰시오.

pure	glory	motto	colony

15 The fame or admiration that you gain by doing something impressive. _____

16 A short sentence or phrase that expresses a rule for sensible behavior. _____

17 A country which is controlled by a more powerful country.

_____

18 Not mixed with anything else.

_____

D 빈칸에 우리말 뜻에 해당하는 영어를 쓰시오.

19 The _____ (대다수) of people tends to prefer roses to lilies.

20 The government decided to _____ (파견하다) the army to World War II.

Part 11

The World

[세계]

Population 인구 | **Harmony** 화합

Lesson 1
Population
| 인구

01 border [bɔ́:rdər] n. 경계, 국경 v. 인접하다

Wait, we are getting closer to the border of this country.

기다려, 국경에 거의 다 왔다.

02 central [séntrəl] a. 중심의, 중심적인

Here is the central area of this city.

여기가 이 도시의 중심지이다.

03 commonly [kámənli] ad. 일반적으로, 보통으로

These kinds of trash cans in the public parks are commonly used in Korea.

한국에서는 일반적으로 이런 종류의 쓰레기통이 국립공원에 쓰인다.

04 companion [kəmpǽnjən] n. 동료, 친구

Peter is always looking for a companion to talk with.

Peter는 항상 대화할 친구를 찾아 다닌다.

05 crisis [kráisis] n. 위기, 고비

They are concerned about the crisis of endangered animals.

그들은 위험에 처한 동물들의 위기에 대하여 걱정한다.

06 curiosity [kjùəriásəti] n. 호기심

The children stared at the clown with eyes full of curiosity.

어린이들은 호기심에 찬 눈으로 그 광대를 빤히 쳐다보았다.

07 deadly [dédli] a. 치명적인, 활기 없는

He is addicted to a deadly poison.

그는 치명적인 독에 중독됐다.

08 decided [disáidid] a. 결정적인, 단호한

His height was a decided advantage in the job.

그의 키가 큰 것이 그 일에서는 확실한 이점이었다.

09 domestic [dəméstik] a. 가정의, 국내의

I think our products are competitive enough in domestic market.

나는 우리 제품이 국내 시장에서 충분히 경쟁력이 있다고 생각한다.

10 emotion [imóuʃən] n. 감정, 감동

Music is a tool for expressing person's emotion.

음악은 인간의 감정을 표현하는 도구이다.

11   exclude [iksklú:d] v. 차단하다, 제외하다

They excluded whoever doesn't have an invitation from the party.

그들은 초대장이 없는 사람들은 누구라도 파티장에서 추방했다.

12   extreme [ikstrí:m] a. 극도의, 과격한 n. 극단적인 것

Although he has extreme reactions, he is not a bad person.

그가 극단적인 반응을 보이지만, 그는 나쁜 사람은 아니다.

13   found [fáund] v. 설립하다, ~의 기반을 두다

Her family founded the college in 1895.

그녀의 가문이 1895년에 그 대학을 설립했다.

14   goodness [gúdnis] n. 선량, 친절, 선함

The goodness of her character is attributed to good parenting.

그녀의 선량한 성격은 좋은 육아법으로 돌아 온다.

15   helpless [hélplis] a. 어찌할 수 없는

I was helpless in making him stop smoking.

난 그가 담배를 끊게 할 수 없었다.

16 **human being** [hjúːmən bíːiŋ] n. 인류, 인간

Human beings **have invented many things for convenience.**
인간은 편의를 위해 많은 것들을 발명해 오고 있다.

17 **include** [inklúːd] v. 포함하다

This cost includes **the delivery price, as you know.**
너도 알다시피, 이 비용은 배달비도 포함된 것이다.

18 **increase** [inkríːs] v. 증가하다, 늘리다, 늘다 n. 증가

The population of this region is increasing **remarkably.**
이 지역의 인구가 현저히 증가하고 있다.

19 **independence** [ìndipéndəns] n. 독립

He devoted his life for his motherland's independence.
그는 조국의 독립을 위해 목숨을 바쳤다.

20 **international** [ìntərnǽʃənl] a. 국제적인, 국제의

He contributed to the international **education system.**
그는 국제적인 교육 시스템에 기여했다.

21 local [lóukəl] a. 지방의

Many people feel kindness more from local communities than in larger ones.

많은 사람들이 다른 곳보다 지역 사회에서 더 친절함을 느낀다.

22 mankind [mæ̀nkáind] n. 인류

He has been studying everything about mankind since he entered the university.

그는 대학에 입학한 후로 인류에 대한 모든 것을 연구해 왔다.

23 mind [máind] v. 염두에 두다, 꺼리다 n. 마음

What do you have on your mind? Just tell me.

무슨 생각하고 있어? 말해봐.

24 nation [néiʃən] n. 국가, 국민

The whole nations were rejoiced to hear the news.

그 소식을 듣고 온 국민이 환호했다.

25 overflow [òuvərflóu] v. 넘치다, 범람하다 n. 넘쳐 흐름, 범람

The river overflowed because of the heavy rain through the past few days.

그 강은 지난 며칠 간의 심한 비로 인해 범람했다.

26 per [pɔ́ːr, pə́r] prep. ~에 대하여, ~ 마다

The car can go as fast as 200 kilometers per hour.

그 차는 시속 200 킬로미터의 속도로 달릴 수 있다.

27 situation [sìtʃuéiʃən] n. 위치, 상황

In this situation, he acts like an adult.

이런 상황에서, 그는 어른처럼 행동한다.

28 senior [síːnjər] n. 연장자, 선배 a. 손위의

I have a cynical senior in my company.

난 회사에 냉소적인 선배가 있다.

29 vision [víʒən] n. 시력, 통찰력

His vision is getting worse as time goes by.

시간이 지나면서 그의 시력은 나빠지고 있다.

30 wealthy [wélθi] a. 풍부한, 부유한

He is one of the wealthy people I know.

그는 내가 아는 부유한 사람들 중에 하나이다.

Lesson 2

Harmony

|화합

01 alliance [əláiəns] n. 동맹, 결연

Delta Company entered into an alliance with Meta Company.

Delta회사는 Meta회사와 동맹을 맺었다.

02 appoint [əpɔ́int] v. 임명하다, 지명하다

The president of our company appointed a new secretary last week.

우리 회사의 회장은 지난 주에 새로운 비서를 임명했다.

03 behave [bihéiv] v. 행동하다

Sometimes he would behave like a child.

가끔씩 그는 아이처럼 행동하곤 했다.

04 blend [blénd] v. 섞다, 혼합하다

If you run out of pink paint, blend the red paint with the white one.

분홍색 페인트가 다 떨어지면 빨간색 페인트와 흰색 페인트를 섞어.

05 chairman [tʃέərmən] n. 회장, 의장

The position of chairman is vacant now.

지금 회장 자리가 비었다.

06 championship [tʃǽmpiənʃip] a. 선수권 (대회), 우승

Kim Yu-na won first prize at a world championship.

김연아는 세계 선수권 대회에서 우승했다.

07 compete [kəmpíːt] v. 경쟁하다, 겨루다

The company competed against its rival one.

그 회사는 라이벌 회사와 경쟁했다.

08 crash [krǽʃ] v. 추락하다 n. 충돌, 파멸

They damaged the car badly in the crash.

그들은 충돌사고로 차를 심하게 망가뜨렸다.

09 detail [díːteil, ditéil] n. 세부 사항

You can cut out the details if you don't have enough time.

네가 시간이 충분치 않으면 세부 사항은 생략해도 된다.

10 disarm [disáːrm] v. ~의 무기를 빼앗다, 무장을 해제하다

Make sure to disarm the criminal of his weapon.

범인의 무기를 확실히 빼앗아.

11 **fair** [fέər] a. 공정한, 공평한 ad. 공명정대하게

It's fair to divide them into four even groups.

4개의 동일한 그룹으로 나누는 것이 공평하다.

12 **forgive** [fərgív] v. 용서하다

You have to appreciate him forgiving you for your fault.

너의 잘못을 용서해준 것에 대해 넌 그에게 감사해야 된다.

13 **grown-up** [gróunʌp] a. 성숙한 n. 어른

She is grown-up for her age.

그녀는 나이에 비해 성숙하다.

14 **harsh** [hάːrʃ] a. 거친, 가혹한

His harsh behavior is towards anyone under his age.

그는 그보다 어린 사람이면 누구에게나 엄한 태도를 보인다.

15 **hug** [hʌg] v. 꼭 껴안다, 포옹하다 n. 포옹

My father used to hug me every morning in my childhood.

내가 어린 시절에는 아버지가 아침마다 안아주시곤 했었다.

16   humanity [hjuːmǽnəti] n. 인류, 인간성, 인간애

The documentary program about humanity **is on TV now.**

인류에 관한 다큐멘터리 프로그램이 TV에서 방영 중이다.

17   lovable [lʌvəbl] a. 사랑스러운

Without a doubt, she is a really lovable **girl.**

의심할 여지 없이 그녀는 사랑스러운 소녀이다.

18   mean [míːn] v. 의미하다 n. 수단, 방법

What does the word 'love' mean**?**

'love' 란 단어는 무슨 뜻이니?

19   medium [míːdiəm] n. 수단, 매개물, 중간 a. 중간의

The air is a medium **for sound.**

공기는 소리의 매개체이다.

20   mild [máild] a. 온화한, 상냥한

The climate of here is mild **and good for health.**

이곳의 기후는 온화해서 건강에 좋다.

21 Olympic [əlímpik, ou-] a. 국제 올림픽 경기의 n. 올림픽

Most people all over the world pay attention to the
Olympic **Games.**

대부분의 전 세계 사람들은 올림픽 경기에 집중한다.

22 peace [píːs] n. 평화, 평온

The dove is one of the symbols of peace.

비둘기는 평화의 상징들 중에 하나이다.

23 resist [rizíst] v. ~에 저항하다, 반항하다

She resisted **against the school rules.**

그녀는 교칙에 저항했다.

24 result [rizʌ́lt] v. 결과로서 생기다 n. 결과, 성과

He found an incredible theory as a result **of the research.**

그는 연구의 결과로서 엄청난 이론을 발견했다.

25 rumor [rúːmər] n. 소문

She likes to spread rumors **whenever she hears
something.**

그녀는 무언가를 들으면 소문내기를 좋아한다.

26 tongue [tʌ́ŋ] n. 혀, 언어

She speaks really fast in her mother tongue.

그녀는 모국어로는 정말 빨리 말한다.

27 treaty [tríːti] n. 조약, 협정

They are about to sign a treaty between the two countries.

그들은 이제 막 두 나라 간의 조약에 서명을 하려고 하고 있다.

28 vow [váu] v. 맹세하다 n. 맹세, 서약

You must take a vow first before you enter here.

여기에 들어오기 전에 먼저 맹세해야 된다.

29 warmth [wɔ́ːrmθ] n. 따뜻함, 온정

I found that it has no warmth when I touched it.

난 그것을 만졌을 때 온기가 없다는 것을 알았다.

30 willing [wíliŋ] a. 기꺼이~하는

I'm willing to go anywhere with you.

난 너와 함께 어디라도 기꺼이 갈 수 있다.

Check up

A 다음 영어 단어에 해당하는 우리말 뜻을 쓰시오.

1 result   2 resist

3 peace   4 medium

5 companion   6 crisis

7 domestic   8 exclude

B 다음 우리말 뜻에 해당하는 영어 단어를 쓰시오.

9 어찌할 수 없는   10 독립

11 국제적인   12 의미하다

13 용서하다   14 세부사항

C 다음 영어 단어와 우리말 뜻을 바르게 연결하시오.

15 situation   •   • 통찰력

16 chairman   •   • 회장

17 alliance   •   • 상황

18 vision   •   • 동맹

D 다음 뜻에 해당하는 영어를 보기에서 골라 쓰시오.

increase	central	behave	senior

19 In the middle of a place or area.

20 to become greater in number, level, or amount.

21 to do things in a particular way.

22 high in rank or status.

|부록|

Answers

Answers

Part 1

Person & People
사람과 사람들

A

1	charm	2	descendant
3	consist	4	companion
5	credit		

B

6 스카우트하다
7 동료
8 대머리의, 있는 그대로의
9 엄격한, 정밀한
10 질투심이 많은, 시샘하는
11 salary
12 recommend
13 operation
14 expert
15 handle

C

16	④	17	②
18	①	19	④
20	③		

D

21	violent	22	capable
23	comfortable	24	controls
25	comfortable		

E

26 노력 / 노력하다
27 겸손한 / 겸손한 태도를 취하다

28 온화한 / 상하귀천
29 특징 / ~을 특징으로 삼다
30 의무 / 비번의

Part 2

Clothing, Food & Shelter
의식주

A

1	female	2	deliver
3	resident	4	protect
5	decorate		

B

6 항목, 품목, 물건
7 요즈음, 최근
8 단정한, 깔끔한
9 쓴, 견디기 어려운
10 용기, 그릇, 배
11 ingredient
12 protein
13 architecture
14 equipment
15 stove

C

16	②	17	④
18	②	19	③
20	①		

D

21	repaired	22	path
23	lasts	24	Shell

25 sleev

26 가치있는 / 주목할만하다
27 보이다 / 자랑하다
28 정장 / 모든 취향에 맞는
29 굶주리다 / 아사시키다
30 ~한 상태로 간직하다 / 뒤떨어지지 않다

Part 3 Life
삶

A

1 vital   2 boundary
3 destination   4 bless
5 postpone

B

6 치료, 취급, 대우
7 탑승, 탑승하다
8 실신하다, 졸도하다, 기절하다
9 충치
10 귀머거리의
11 landscape(scenery)
12 seashore
13 adventure
14 autonmobile
15 funeral

C

16 ①   17 ④
18 ④   19 ①
20 ③

D

21 sorrow   22 perished
23 suicide   24 aloud
25 tackle

E

26 젊음, 청년 / 청년시절에
27 무게 / 중요하다, 영향력이 있다
28 시간표, 예정 / 예정보다 먼저
29 걱정하다, 걱정 / 돌보다
30 안락, 진정시키다 / 거북한

Part 4 Society & Culture
사회와 문화

A

1 사과하다, 사죄하다
2 불평하다, 한탄하다
3 다른 하나의, 별개의
4 공통의
5 의견, 견해
6 실행하다, 공연하다

B

7 national   8 announce
9 commercial   10 accident
11 religious   12 vain

C

13 effective – 효과적인
14 intelligent – 지적인
15 devote – 바치다
16 inspiration – 영감
17 sacrifice – 희생

D

18	serious	19	innocence
20	devote		

Part 5 Politics & Economies
정치와 경제

A

1	관리하다	2	논의
3	정의	4	정책
5	계약, 약정	6	빚, 부채

B

7	economy	8	negotiate
9	unexpected	10	estimate

C

11	value	12	succeed

D

13	agriculture	14	structure
15	manufacture		

E

16 proportion – 비율
17 obtain – 얻다
18 harvest – 수확
19 temporary – 임시의
20 liberal – 자유주의의

Part 6 Science & Technology
과학과 기술

A

1	달성하다, 이루다	2	계산하다

3	감히 ~하다	4	잇다, 연결하다
5	진보, 진보하다	6	받다

B

7	accomplish	8	boot
9	operate	10	usage
11	artificial	12	awkward

C

13	staple	14	substance
15	attach	16	discover

D

17	innovation	18	reflect
19	replace	20	portable

Part 7 Education
교육

A

1	출석하다	2	명석한, 훌륭한
3	집중하다	4	목적
5	비교하다	6	설명
7	묘사하다, 기술하다		
8	기억하다, 암기하다		

B

9	establish	10	scholar
11	principle	12	refer
13	summarize	14	biologyr

C

15 ⓓ 12

D

16 student → professor

E

17 duty   18 theory
19 aim   20 course

Part 8 Universe & Earth
우주와 지구

A

1 horizon
2 constellation
3 galaxy   4 solar
5 atmosphere

B

6 확장하다   7 중력
8 개천   9 우화
10 해양   11 continent
12 creation   13 telescope
14 orbit   15 impact

C

16 ①   17 ①
18 ②   19 ①
20 ③

Part 9 Nature & The Envionment
자연과 환경

A

1 지진   2 멸종된
3 토양   4 회오리 바람
5 ～의 아래에   6 가뭄
7 예보하다   8 습한

B

9 creature   10 forest
11 natural   12 prevent
13 effect   14 damage

C

15 pollute – 오염 시키다
16 trash – 쓰레기
17 preserve – 보존하다
18 remove – 제거하다

D

19 recycle   20 fuel

Part 10 History & Future
역사와 미래

A

1 축하하다   2 의식
3 풍습, 관세, 고객 4 기사
5 필수품
6 중요한, 의미있는
7 공격하다   8 방어

B

9 enemy   10 shoot
11 victory   12 absolute
13 imitate   14 former

C

15 glory   16 motto
17 colony   18 pure

D

19 majority   20 dispatch

Part 11 The World 세계

A

1	결과, 성과	2	~에게 저항하다
3	평화	4	수단, 중간
5	동료, 친구	6	위기
7	국내의	8	제외하다

B

9 helpless
10 independence
11 international
12 mean
13 forgive
14 detail

C

15 situation – 상황
16 chairman – 회장
17 alliance – 동맹
18 vision – 통찰력

D

19	central	20	increase
21	behave	22	senior